# 怖いくらい通じるカタカナ英語の法則
(ネット対応版)
## ネイティブも認めた画期的発音術

池谷裕二

本書は小社刊『魔法の発音 カタカナ英語』(2004年10月刊行)、およびこれを新書化したブルーバックス『怖いくらい通じるカタカナ英語の法則』(音声CD付き、2008年1月刊行)を一部改訂し、音声をネット上で聴けるようにしたものです。

- ●カバー装幀／芦澤泰偉・児崎雅淑
- ●カバーイラスト／さかざきちはる
- ●本文イラスト／池谷　香
- ●ナレーション／池谷　香、デアドリ・イケダ
- ●音声制作／81プロデュース
- ●扉・目次デザイン／WORKS　若菜　啓
- ●本文図版／さくら工芸社

# はじめに

　この本は、私がアメリカに留学していた頃に偶然生まれた何気ないアイデアに端を発して書かれたものです。

　アメリカに渡ったのは2002年の12月。当時の私を迎え入れたマンハッタンの街並みは華やかなクリスマスイルミネーションで飾られていました。洒落た装いでデートするカップル、充実した表情で闊歩するビジネスマン、珍しい犬を連れて散歩する老夫婦。前年の同時多発テロのショックもようやく和らぎ、道行く人々に活気が戻りはじめた、そんな時期のニューヨークでした。

　アメリカで展開されている最前線の脳研究をこの目で見てみたい。できるならば最先端の研究に参加したい──。長年の夢を叶えるために太平洋を越えてやってきました。生まれてはじめての海外生活。期待と不安が入り混じった、いや、正直にいえば少しの期待と圧倒的な不安を胸に抱いてニューヨークに降り立った、あの非現実的な感覚は今でも忘れられません。

　しかし、そんな浮遊感も束の間、華麗なニューヨークの街並みとは対照的に、しだいに私の心は零下10℃にもなろうかという外気温と共に沈鬱してゆきました。

　理由は──。そう、言語の壁でした。話したことが通じないのはおろか、相手の話す内容がさっぱり理解できなかったのです。

　中学・高校と手を抜くことなく英語を勉強してきましたが、英語という科目は当時から学期テストで足を引っ張る苦手教科でした。実用英語技能検定（いわゆる英検）は今でも4級のま

までですし、TOEFLやTOEICは一度も受験したことはありません。英会話スクールなんて、下手な英語がクラス仲間に露呈するのが恥ずかしくて、通おうと考えたことさえない。それが留学前の私でした。

　もちろん、そんな英語力では現場で歯が立つわけがありません。地下鉄の乗り方もわからない。注文しても希望の料理が出てこない。道を尋ねても私の英語を聞き取ってもらえない。たとえ、かろうじて通じても、せっかくの返答を聞き取ることもできず、私にできることといえば不気味な作り笑顔を返すことだけ。レジでは言われた値段と違う金額を払ってしまう。銀行の窓口では全く相手にされない。タクシーには乗せてさえもらえないという屈辱も受けました。

　アパートの契約、電気・ガスの開通、電話回線の開設、テレビの契約。飛び込めばなんとかなるだろうという楽観的な憶測は見事にうらぎられ、プライドも完全に崩れてしまいました。いま考えれば、そんな人間がいきなりアメリカで最先端の脳研究を展開しようなど、無謀な計画にほかなりませんでした。

　悶々として送る日々。1ヵ月、半年、1年……容赦なく月日は経ちます。そんなある日、ふと気づいたことがありました。ここからがストーリーの始まりです。


　いつものように朝、仕事場に行くとすでに出勤していた研究室のメンバーが私に何か話しかけてきます。「ハゼゴン」。──え？　ハゼゴン？　なんだろう。ドラゴンの仲間かな？　マンガのキャラクターかな？　いろいろな考えが頭を巡ります。きょとんとした私の表情からすべてを察した彼は単語を区切ってゆっくりと言い直してくれました。「How - is - it - going?

（元気かい）」。

おお、How is it going?と言っていたのか！

あのときの驚きは今でも新鮮に覚えています。How is it going?という4単語が、実際に発音されると、元とは似ても似つかぬハゼゴンとなるのですから。

それからというもの私は人に会うたびに「ハゼゴン？」と聞いてみました。皆にこやかに返答してくれます。ハゼゴン、ハゼゴン。そうなのです！　私の話す英語がきちんと通じているのです。あまりの感激に舞い上がるような気分でした。

それにしても「ハゼゴン」というカタカナの羅列で通じるとは驚くべきことでした。学校で習った英語とはあまりにも違う発音なのです。そして気づきました。もしかしたら、授業で習った発音は便宜上のもので、アメリカ人たちが話す英語とは違うのではないか、と。

その後、私は先入観を捨てて、耳に聞こえるままの発音を素直に聞くことを心がけました。すると、これまで当然とばかり思っていた発音が、じつは間違っている、あるいはそのままでは通じないことがしだいに理解されてきました。そして、自分の英語はどこがおかしいのか、どうすれば直るのか、そんなことを真剣に考える日々が続くようになります。血のにじむような奮闘の末、私は3つの結論に辿り着きました。

結論1　私にはカタカナ発音しかできない。これは「日本人として生まれ育ったのだから、今さら英語特有の発音を身につけようがない」という科学的根拠から来る諦念です。

結論2　それゆえに私の発音は本来の発音からひどくかけ離れたものであって、アメリカでは通用しない。
結論3　しかし、私のカタカナ発音を別のカタカナに置き換えることによって、多くの場合は通じさせることができる。

　とくに結論3は重要なものでした。ほとんど諦めかけていた私の英語力ですが、努力次第では通用するレベルにまで改善される可能性がある──絶望のどん底で見た一条の光。大いなる希望を与えてくれるものでした。私は脳研究に専念する傍ら、期待を胸に、英語の発音についても試行錯誤するようになりました。

　私はカタカナ発音を丹念に調べあげて、英会話のライブ現場でカタカナを駆使して発音してみました。もちろんそれは失敗の連続でした。ただ幸いなことに、私の仕事場には、日本語を勉強したことのあるアメリカ人がいました。彼は日本語と英語がどれほど異なっているかをよく知っていました。同時に彼は日本人にとって英語の習得がいかに難しいかも理解していました。親切にも彼は私の英語の発音を逐一修正してくれます。しかも、それは単なる修正ではなく「日本人ならばこう発音すればよいはずだ」という適切なアドバイスでした。

　その結果、いくつかの秘訣に気づいたのです。それが本書で述べる「カタカナ発音の法則」。実践に基づいた経験則です。

　ある日、私と同じようにアメリカ留学していた日本人の友人に、この法則について披露すると予想以上の反応がありました。もしかしたら私以外にも多くの人が同じような問題を抱え

て悩んでいるのかもしれない。だとしたら、この成果を私だけに留めておくのはもったいない――。その後も様々な人に相談するうちに、この確信はますます深まりました。そんな考えに導かれ、ついに本書を上梓する運びとなりました。

　もちろん私は英語の教師でもなければ、英語のための特別な教育を受けてきたわけでもありません。それどころか、私がアメリカに住んだのはほんの２年半にすぎません。英語での会話なんて正直まだまだです。むしろ今でも英会話は苦手で、できれば避けて通りたいところです。しかし、私には、英語について、とりわけ英語の発音について人並み以上に真剣に考えてきた自負があります。もちろん、**これから本書で述べる発音方法は、カタカナを振り当てている以上、完璧な英語の発音というわけにはゆきません。しかし「日本人が英米人に英語を通じさせる」という観点に立てば、より適化された方法だと確信しています。**

　英語の上級者には「カタカナ発音など邪道な学習法にすぎない」と一蹴されてしまうだろうと思います。この本は完璧を目指すものではなく、「まずは当面事足りればよい」というスタンスですから、英語の専門家や教育者からは痛烈な批判を受けることは十分に承知しています。この意味で本書は、超初心者である私が超初心者に贈る「超初心者のためのカタカナ発音奮闘記」だと理解していただければと思うのです。すべての人に必要な本ではないけれども、私のように英会話を諦めかけた人には読んでいただいて損はないと思います。いや、本心を言うのならば、そういう人にこそ手にとっていただきたいと思うのです。

この本には、学校の授業でしか英語を習ってこなかった人はびっくりするような内容が含まれていることでしょう。従来のどんな教科書とも、またプロの教師が教える洗練されたノウハウとも異なった、**英語初心者のための実用的な克服法**です。だから今までの発音の知識を一旦リセットして欲しいと思います。先入観は新しいことを学習する妨げにもなります。そこで、本書では最初に「意識改革編」を用意しました。なぜカタカナ発音がよいのかをしっかりと納得してから学習を始めれば、モチベーションも長続きし、習得もよりスムーズになるでしょう。

　意識改革編のあとの本編は2つのパートに分かれています。「実践編」「法則編」です。どちらから読み始めていただいても問題ありません。細かい話はよいからともかく一刻も早くカタカナ発音の効能を知りたいという方は実践編からスタートしたらよいと思いますし、理屈を理解してからでないと脳がすっきりしないという理論派タイプの方は法則編から始めたらよいかと思います。どちらから手を付けても差し支えなく習得できるように工夫してあります。

　最後のパートは「理論編」です。本書の目的から考えれば、ほんのオマケのようなものです。言語習得と脳にはどんな関係があるのだろうか、ネイティブとそうでない人にはどんな違いがあるのだろうか。そんな最新の脳科学の知見を解説してみました。さらに効率的な勉強法についても書いてみました。興味のある人は読んでいただければと思います。

　この本の利用にあたって注意点があります。それは本書がい

わゆる読本ではないということです。あくまでも練習ドリルです。流し読みをするだけでは期待した効果は得られません。時間をかけてじっくりトレーニングを実践して欲しいと思います。

**「自転車の乗り方を解説本で読んでも、**
　**実際に乗れるようにはならないのであって、**
　**何かをやる方法って、実際にやる、**
　**という経験によって培われます」**

『海馬』（新潮文庫）より

　転びながらも自転車乗りの練習を根気強く繰り返した、あの頃を思い出してください。効能が現れるまでには時間が必要です。同じ例文を最低でも連続70回は声に出して発音してみなければ効果は見えてこないと思います。さらなる効果を期待するのでしたら、学習した日の就寝前に再び10回、翌朝また10回繰り返すべきです。私は時間が許す限りはこれを実行しています。

　この本の前身は2004年に上梓した『魔法の発音　カタカナ英語』（講談社）という単行本です。これを「持ち運びしやすい大きさに」という意図で『怖いくらい通じるカタカナ英語の法則』という書名で講談社ブルーバックスから再出版しました。これら前著の読者からいただきましたご意見を反映し、我流だったカタカナ法則を念入りに練り直しました。とりわけ数名のバイリンガルの読者からいただきました丁寧なコメントは大変心強いものでした。これによって確度が数倍はアップした

ものと思います。

　前著では、付属の音声CDのせいで本が開きにくいという声がありました。そこで、昨今の時代の流れもあり、音声CDはとりやめ、インターネットから発信することにしました。そこでは「日本人によるカタカナ発音」と「ネイティブスピーカーによる本物の英語」を比較しながら聴くことができます。音声を参考にしながら発音練習することで、効果的な習得が期待できます。

　なお、ネイティブスピーカーとして音声収録に参加してくださったデアドリ・イケダさんによれば、本書のカタカナ法則は世界のどこでも有効だろうということですが、ニューヨークなどのアメリカ東海岸でより効果を発揮するはずだということです。イケダさんの発音はアメリカ西海岸のものだそうで、英語に耳が慣れてきたら、こうした地域による微妙な違いを味わうこともまた、旅行や映画の楽しさを増すことに繋がるでしょう。

　最後になりましたが、こんな奇抜な本を出したいという私の希望を叶えてくださいました講談社の篠木和久さん、講談社ブルーバックスに移行する際に多くのご意見をいただきました髙月順一さんに感謝します。

　また、私の英語下手に根気強く付き合ってカタカナ発音のコツを丁寧に教えてくれた留学先の研究室のメンバーBrendon O. Watsonさん、Carlos Porteraさん、Jason Macleanさんに感謝します。

　ボストン生まれの友人であるNeil Grayさんには、講談社ブルーバックスとして刊行するにあたって、本書のすみずみまで

丁寧に発音法則を再チェックしてもらいました。その彼が**「これはすごい！　本当に通じるじゃないか！　考えてもみなかったけれど、この発明は多くの日本人にとって朗報だね」**とコメントしてくれたことは大変励みとなりました。

　そして何より、英会話に奮闘する日々を近くで支えてくれる妻に感謝したいです。妻には本書にちりばめられた挿絵と、付録音声の日本人代表としても協力してもらいました。

2016年秋　池谷裕二

# 怖いくらい通じるカタカナ英語の法則 ネット対応版 ●目次

はじめに  *3*
音声を聴くには  *14*

## PART I 意識改革編 *15*

渡米カウンターパンチ
相手まかせな日本語
発音か文法か
努力は報われない!?
英語の上達はあきらめよう!?
開き直る学習法
カタカナ英語でいこう

## PART II 実践編 初級コース *39*

## PART III 実践編 応用コース *87*

## PART IV 法則編 *131*

## PART V 理論編 *175*

忌まわしきマグネット効果
若さが決め手
バイリンガル脳の秘密
獲得すること、習得すること
おとなでも英語を習得できる
多言語を操るとき
言葉は声に出していなくても使っている
人の心は言語から生まれる
言語が生まれた歴史的瞬間
効果的な勉強法とは

おわりに *200*
理論編・参考文献 *212*
「カタカナ英語の法則」早見表 *215*
カタカナ発音例文一覧 *216*

## 音声を聴くには

インターネット上の専用サイトで音声がお聴きいただけます。音声が収録されているものについては、本文ページ右上にQRコードが記載されています。携帯電話、スマートフォン等でQRコードを読み取っていただきますと、直接、専用ページにアクセスできます。

また、下記URLでは収録音声の一覧を掲載しましたので、こちらからもお聴きいただくことができます。

実践編初級コースと応用コースについては、本書が提唱する「カタカナ読み」を日本人が読み上げた例文と、ネイティブスピーカーが読み上げた例文とが収録されています。両者は完全に同じではありませんが、音として似ていることがご理解いただけると思います。

法則編については、本文で紹介した単語をネイティブスピーカーが読み上げた音声をお聴きいただけます。

音声一覧ページ
http://bluebacks.kodansha.co.jp/special/ke/

# PART I
# 意識改革編

## 渡米カウンターパンチ

私の本業は脳研究です。

研究をしていて発見があると、私たち科学者は学術論文として学界に発表します。学術論文といっても一般の方々にはピンとこないかもしれません。専門家たちが読む雑誌に、研究成果を公開するのです。そのための手段が学術論文です。

多くの場合、論文は英語で書きます。その理由は、世界の標準語が英語だからというだけでなく、英語で書かれた論文でないと成果を成果として認めてもらえないという風潮があるからです。実際、ノーベル賞級の発見をしたのに日本語で発表したために、受賞候補にあがるチャンスを逃してしまった日本人科学者がいるのだそうです。

そんなわけで私も英語で論文を書くことを余儀なくされています。これは英語圏の研究者に後れをとるハンディキャップです。しかし、これは日本人だけの問題ではありません。フランス人でもドイツ人でもロシア人でも皆、英語で論文を書かねばならないからです。ところが面白い事実があるのです。

英語の論文を雑誌に載せるときには、その雑誌ごとに規定があります。文字数の制限や、どんな形式で書かなければいけないかなどといったスタイルの制約です。こうした規定は雑誌のホームページに詳細に書かれています。これを読むと、次のようなことが書かれていることがあります。

**—日本人の著者の方へ—**
**英語のネイティブな人に文章をチェックしてもらってから論文を投稿してください。**

もちろんこれは日本人だけが読む規約コーナーではありません。世界中の研究者に向けて書かれたページです。にもかかわらず、日本人向けにこうした一文がわざわざ付け加えられています。そのくらい日本人の英語下手は世界中で有名なのです。私も、投稿した論文を「読解困難」とつき返された経験が何度かあります。

　書く英語だけではありません。話す英語についても同じことが言えます。「はじめに」に私の体験として「話した英語が通じない」ことを書きました。これは誇張や謙遜ではありません。英米に渡った日本人で私と似た経験をした人はきっといることでしょう。その理由は、日本人独特の訛りやアクセントがあまりにもひどいからです。そう、**カタカナ英語**なのです。

　私たちの話す英語は、英語圏の国々では「ジャングリッシュ」と呼ばれています。ジャパニーズ（日本語）とイングリッシュ（英語）の合成語です。要するに「あなたの英語と私たちの英語は別の言語ですよ」という皮肉なのです。

　もちろんジャングリッシュは英米人には通じません。ジャングリッシュで話しかけられた人は、そもそも英語で声をかけられていることに気づかないと言います。そして「よく聞いてみると日本語は意外と英語に似ているようだ」と勘違いするらしいのです。つまり、日本人は苦労して英語を話しているつもりでも、相手には日本語で話しかけているかのような印象を与えてしまうのです。

　私が思うに日本人の発音が英米人に通じない理由は3つあります。

1. 発音数の差
2. 無母音声の有無
3. 推測言語と技巧言語

詳しく説明していきましょう。

## 相手まかせな日本語

まず第1番目「発音数の差」。これは日本人が英語を学ぶうえで決定的な障害となる問題です。

有名な例は「L」と「R」という子音でしょう。日本語には「L」も「R」も存在しません。そこで、たとえば「La」と「Ra」を表すのに、耳で聞いた感じがもっとも近い「ラ」というカタカナが当てはめられます。こうした例はたくさんあります。

「Bi」「Vi」 ………………………………▶ 「ビ」
「Fu」「Hu」 ………………………………▶ 「フ」
「U」「Wu」 ………………………………▶ 「ウ」
「Si」「Shi」「Thi」 ………………………▶ 「シ」
「Di」「Ji」「Zi」 …………………………▶ 「ジ」

こんな具合に、本来ならば異なる発音なのに、日本語ではその区別ができない「子音」がたくさん存在するのです。

「母音」に関しても日本語はハワイ語に続く少なさです。batもbutも日本語では「バット」と書くしかありません。しかし厳密には、その両者とも日本語で言うところの「バ」とは異な

ります。

　ballとbowlの区別も日本人には難しいでしょう。英語には二重母音というさらにやっかいな発音があります。「mail」や「only」だってしばしば書かれるように「メール」や「オンリー」ではありません。どちらかといえば「メイル」と「オウンリ」と書いたほうが実際の発音に近いでしょう。

　ともかく、英語にはカタカナでは表記できない音声がたくさんあって、それが英語習得の大きな障壁になっているのです。これが理由の第１番目になります。

　２番目の理由「無母音声の有無」もまた、発音の根本的な相違点にあります。英語には子音だけで音がつくられる部分がしばしば含まれています。

　たとえば「circle」は日本語では「サークル」と表記します。つまり「サ・ア・ク・ル」と４音節です。しかし本来の「circle」は母音は１つです。一気に発音されます。最後の「cle」の部分を日本人が発音すると、どうしても「ku-lu（クル）」とそれぞれに母音が入ってしまいます。しかし英米人は舌をうまく使って「kl」と発音します。そこには母音はありません。

　子音が単独で存在するときの発音は、頭では理解しているつもりでも日本人にはなかなか難しいものです。そんな舌の使い方など日本語にはないからです。

　つまるところ、日本語という言語は、発音数が少ないのがその特徴で、だから英語の発音を日本語では表すことができない──これが英会話を目指す者にとって大きな壁になります。

　ただし、こう書くと日本語がまるで劣った言語のように感じ

られるかもしれませんが、もちろんそんなことはありません。実際、逆のパターン、つまり日本語にはあるけれども英語にはないという発音も存在するのです。

　代表的なものは「撥音(はつおん)」です。英語には「ん」の音がないのです。よほど日本語が上手な英米人でないと「こんにちは」とは発音できません。たいていの人は「こにちは」と言います。そのほかには「促音(っ)」や「長音」も日本語独特の発音です。英米人にとって、

加工　過去　確固　格好　観光　葛根(かっこん)

を区別して発音することは極めて難しいとされています。私の名前「ゆうじ」も残念ながら「ゆじ」と発音されてしまいます。

　英米人には、日本語の「ラ行」の発音もまた難しいそうです。彼らが日本語を習うとき、「ラの発音はRaとLaの中間だ」と教わるのだそうです。習いたての初心者はうまく発音できないので結局「Ra」か「La」で代用することになるのですが、すると困ったことが起こるのです。たとえば「蹴られる」「怒られる」の「られる」のようにラ行が連続する発音ができないのです。英語のRやLでは、そんなに高速では舌が回らないようで、こうした差異からも、日本語の「ラ行」がいかに特殊な発音であるかがわかります。

　日本人だけが得意とする発音が存在するという事実もまた、英語の学習の妨げになってしまいますので、ふたたび注意が必要です。たとえば「attack」という単語を「アタック」と発音したら間違いなのです。なぜなら「ッ」という促音は英語に

はない発音だからです。こうした注意点は、本書の中で少しずつ述べていきます。

　ついでに細かい点を挙げますと、英語には小さな「っ」だけでなく、通常の「つ」という音もありません。私がニューヨークに留学していた当時、現地チームのヤンキースで松井秀喜選手が活躍していましたが、野球中継のTVアナウンサーは「まつい」を「まちゅい」と連呼していました。なんとも舌足らずでかわいらしい発音ですね。思わず笑ってしまいます。でもcircleをどうしても「サークル」と発音してしまう日本人のことを英米人は「幼い赤ん坊のようだ」と感じているといいますから、お互いあまり笑えた話ではないようです。

　日本人の発音が通じない3番目の理由は「推測言語と技巧言語」です。これは、日本語の発音数が少ないことと深い関係があります。発音数が少ないということは、単語の発音のバリエーションが少ないということです。裏を返せば、日本語では**同じ発音でも複数の意味を持つ**ということになります。

　先に「加工」の発音の例を挙げましたが、「かこう」と耳で聞いて「加工」を思い浮かべるためには前後の文脈がなくてはなりません。なぜなら「かこう」と発音する単語はほかにも多数あるからです。

　火口　下降　書こう　河口　仮構　掻こう　花香　囲う

　挙げ出せばキリがありません。私たち日本人は、数多くあるこれらの可能な単語の中から、いま耳で聞いた「かこう」が何を指すのかを判断しながら会話をしているのです。「手紙を**か**

**こう**」と聞けば「書こう」を思い浮かべるでしょうし、「屋形船で隅田川の**かこう**まで**かこう**した」と言えば「河口まで下降した」となるでしょう。

普段はあまり気に留めていないかもしれませんが、日本人はこうしたことを無意識のうちに正確に行っているのです。

普段から私たちは耳から聞いた言葉の意味を、多数の「同音異義語」の組み合わせの中から、前後の文脈やイントネーションをもとに、瞬時に理解するという高度な処理を行っています。推測しながら聞く──。そう、日本語とは「推理の言語」なのです。

もちろん、これは発音数が少ないという日本語の弱点を補うために発達させた日本人独特の能力でしょう。ですから、英語を母国語とする人々とは状況がずいぶんと異なります。では英語の場合を考えてみましょう。

## 発音か文法か

英語は豊富な発音数を誇る言語です。多数の単語をその発音の仕方によって言い分けることができます。実際、英語には同じ発音を使って異なる意味を表すことが、日本語に比べれば、圧倒的に少ないのです。

英語のスピーチを聞いたことがある人ならばわかると思いますが、彼らが話すときには、喉から出す「有声音」以外に、舌や唇や鼻を使った「shシュ」「chチッ」「tsツッ」などという乾燥した音を出しているのが頻繁に聞こえるでしょう。日本人にとって、あの音は単なる雑音にすぎないのですが、彼らはそれをも利用して単語を言い分けています。たとえばclose（閉

める）とclothes（服）を区別するためにはそうした子音を正確に発音し、かつ識別できなければなりません。いわば、英語とは「発声技巧の言語」なのです。

結局、英語の場合、音が発せられて空気を伝わるときにはすでに音素が厳密に細分化されているので、聞き手はただ聞こえたままを理解すればよいことになります。

この意味で、英語は「話し手」の発声能力に依存した言語であるといえます。一方の日本語は「聞き手」の想像力を頼りに会話をします。相手まかせの言語です。まさにこの相違点こそが問題なのです。

日本人は英語を話していても、ついつい日本語を話すときのように、相手に適切な「推測能力」を要求してしまいがちです。たとえば「food」も「hood」も日本語の発音では「フード」です。でも、私たちが英米人に向かって「フード」と言えばその発音は「hood」以外にありえないのです。文脈上「food」であっても、彼らは「hood」としか認識しません。

15年ほど前、観光でニューヨークを訪れたときのことです。私は自由の女神を船上から見ようとフェリー乗り場に行く計画を立てました。タクシーをつかまえて「ferry port」と告げると、運転手はなんの躊躇もなく車を走らせ、「heliport（ヘリコプター発着所）」へと私を連れていきました。日本人の感覚からすれば、観光ガイドブックを片手に持った私を、一般人がまったくいない軍用ヘリコプター場に連れていくのはどう考えてもおかしいと思うでしょう。でも、この運転手にとって私の発音は、疑問を挟み込む余地もなく「ヘリ」だったわけです。私は自分の英語力を情けないと感じるのと同時に、どうしてアメリカ人は融通が利かないのだろうと不思議に思いまし

た。

　もちろん彼らを責めることはできません。なぜなら、英語のなかで育った彼らは幼少のころから推理を働かせて言葉を聞くという訓練をしてきていないからです。それは優劣の問題ではなく、文化の違いとしか言いようがありません。英米人に「私はferryを意図している」ことを類推してくれるよう期待することは、英米人が日本人に「LとRを厳密に識別する」ことを要求するくらい酷なことなのです。

　ただし、彼らがまったく類推できないかというと、もちろんそういうわけではありません。実際、発音のミスとは違って、文法のミスには英米人は寛容です。少しくらい単語の順番を間違えても、冠詞や前置詞を付け忘れても、時制を取り違えても、文脈から意味を察してくれることでしょう。実際、彼らだって、たとえば幼い子供などは、

「I is John」

のような文法のミスを日常的に犯すのですから。

　ところが発音の推察力については、残念ながら相手の知的水準にひどく依存してきます。一般に、知的レベルの高い人ほど、また非英米人に多く接している人ほど、発音のミスを修正しながら聞き取ってくれる傾向があります。逆に、レストランよりも定食屋、都会よりも田舎にいくほど、日本人の英語は通じにくくなってしまいます。

　そんなわけで、初心者が英語を伝えたいと思ったときに、もっとも気をつけなければならない問題は「いかに文法が正しいか」や「いかに表現が適切か」ということよりも、「いかに発音が正しいか」ということに焦点が絞られてきます。極端な言

い方をすれば、初心者のレベルでは、「英語が下手であるとは、発音が下手である」とさえ言えるかもしれません。

ここまで問題点が明確ならば、それに関する対応策は簡単でしょう。そうです。発音を修正すればそれで済むことなのです。

しかし!!! そこには一筋縄ではいかない問題があります。その理由を語るためには「脳」を正しく理解する必要があるでしょう。

## 努力は報われない!?

脳は言うまでもなく、人間の行動や意識を統率する最高中枢器官です。脳の中には推定1000億もの神経細胞がぎっしりと詰まっていて、それらが適切なときに適切な情報処理をすることによって、人間の感覚や行動が引き起こされます。

私たちは感じたり、考えたり、判断したりしていますが、それは「私」が行っているというよりも、脳という装置が実行しているといったほうが的確です。

たとえば、皆さんは今この本を読んでいます。この紙面にある文字を目のレンズを通して眺めているわけです。網膜の神経細胞が、光の情報を電気信号に変換して大脳皮質に送信し、その電気パルス情報に基づいて脳は文字を認識しています。当然、あなたは目の前に文字があることを疑いもしないでしょう。しかし、よく考えてみてください。本や文字は本当にそこにあるのでしょうか。

多くの人は、物体は自分の身体の外にあって、それを目で見たり手で触ったりして感じていると考えています。それを常識

として疑ってみたことがないと思います。でも本当をいえば、あなたが感じている物体は、身体の外側ではなくて、あなたの脳の内側に存在しているのです。

いきなり、こう書くと拒絶反応を起こす人もいるかもしれません。そういう皆さんのために、あえて言い換えるとすればこうなります。「物体が存在していることと、物体が存在していると**感じる**ことは無関係である」。

脳が物体の存在を認知するためには、その物体に対応する適切な神経活動が起こる必要があります。神経が活動してはじめて物体が認知されます。

もし何かしらの原因で、起こるべき神経活動が脳の中で生じなかったらどうなるでしょうか。もちろん、あなたは物体を認知することはできないでしょう。物体が網膜に映っていたとしても、あなたの脳が反応しなければ、何も感じていないのと同じです。

逆に、物体が存在しなくても、なんらかの方法で神経細胞を適切に活動させることができれば、あたかもそこに物体が存在するかのように感じることができます。こうした事実は脳研究の実験によって科学的に確認されています。わざわざそんなに大掛かりな実験装置を使わなくても、私たちはそれに近い経験を日常的にしています。夢です。夢に現れるあのリアルなイメージは、体の外に存在しているわけではなく、まぎれもなく脳の内側で生み出されたものです。

こう考えると、脳の活動こそが「存在」の必要十分条件であることがわかります。神経が適切に活動することが認知のすべてであって、それ以上でもそれ以下でもありません。物体は私たちの体外に存在しているのではなく、脳の内側に存在してい

ます。自分で認識している（つもりになっている）外界は、実のところ「真実」とはひどくかけ離れている可能性があるというわけです。脳のこうした独りよがりともいえる性質は、英語を学習するうえで留意しなければなりません。これについてはのちほど具体的に説明します。

さて、英語力の向上を考えるときには、もう1つの重要な脳の性質を知っておかなければいけないでしょう。「可塑性」です。

可塑性とは「臨機応変に能力が変わりうる」という意味です。たとえば自転車に乗れない人が、何度も練習をすると乗れるようになるという現象がそれです。

自転車に乗れないということは、脳の中に自転車を運転するための神経回路がないということです。もちろん、神経回路がなければ乗れるはずがありません。しかし、何度も練習をすれば、自転車専用の脳回路がだんだんと作られて、いずれ自転車に乗れるようになります。このように、必要に応じて脳が変化することを「可塑性」と呼びます。

脳の最大の特徴は可塑性だといっても過言ではありません。私たちは変わりゆく環境にさまざまな形で予測を立てたり、柔軟に対応したりしながら生きています。こうした順応の能力は、動物の生存確率を高めることにつながり、実際、可塑性の究極の目的にもなっています。つまり、動物たちは長い進化の過程で、環境適応のために脳に可塑性という能力を発達させてきたのです。

環境は未知です。たとえば、生まれる前の赤ん坊は、世の中に自転車があることなど知りません。にもかかわらず自転車が

与えられたときに、脳はそれに応じて自転車を運転するための脳回路を作り上げることができます。仮に自転車以外の乗り物が与えられても、脳はそれに順応することでしょう。つまり脳は自転車専用の神経回路を生まれながらにして備えているわけではなく、むしろ自転車に触れ、自転車に馴れることで、それに呼応した回路を自分自身で作り上げてゆくのです。

　逆にいえば脳は様々なものに対応できる潜在能力を持っているわけです。生まれたときの「白紙」に近い脳回路に、環境に応じて能力の色づけをしていく。それが脳の姿です。赤ん坊が英語圏に生まれたのなら英語を話す脳に変化するし、日本に生まれたのなら日本語の堪能な脳へと変化します。すべては訓練の結果として生じた可塑性です。自転車に乗らなければ脳は変化しないし、英語に触れなければ脳はいつまでも英語に順応できません。あまりにも当たり前な話です。

　ということで、私たちは明快な結論に到達しました。

　　　英語の習得は努力あるのみだ

　なるほど、結局は、努力と根性をもってマジメに勉強することこそが重要であって、それしか道はないのだと。なんともわかりやすい結論です。

　ところが！　そう素直にはいかないのが脳の世界。英語は努力だけで身につくというわけではありません。

## 英語の上達はあきらめよう!?

　自転車の練習は40歳になってからでも、60歳になってから

でも可能です。運動制御系の可塑性は年齢にほぼ無関係で、歳をとってもあまり衰えることがないからです。ところが、言語を獲得するための可塑性は年齢とともに急激に衰えることが知られています。

　一般に、言葉を覚える能力はおよそ８歳までだと言われています。この年齢を過ぎると、新しい言語を覚える能力は急速に低下します。教育の現場では「９歳の壁」と呼ばれる有名な脳の変化です。こうした現象が脳に起こる理由はまだわかっていません。しかし、私たちはこれを事実として受け止めなければなりません。

　幼い子供たちは、模倣本能が旺盛で、聞いたことをそのままマネしようとします。その結果、音声を聞き分けたり言い分けたりする能力が発達します。しかし９歳から１０歳までにその能力は（完全に終結するわけではないものの）劇的に衰えます。

　たとえば、５種類の母音「アイウエオ」を持つ日本語を聞いて育ったとしたら、子供はこの５つの音を聞き分けられるようになるでしょう。それに順応した専門回路が脳に組み立てられるからです。しかし、こうして組み立てられた回路は９歳以降ほとんど変化することなく脳に留まります。こうなってしまってはもはや、日本語の３倍もの母音を含む英語に対処するのは、とんでもなく困難になります。

　もし、皆さんが幼いころ、日本語しか聞いてこなかったとしたら、英語力をネイティブ並みに高めようという期待はおそらく叶わないでしょう。大脳生理学の立場からあえて挑発的に断言すれば、それは不可能なことなのです。

　もし、あなたが「Ｌ」と「Ｒ」を聞き分けられなかったとし

ても、それはあなた自身の努力不足でも勉強不足でもありません。私を含め、10歳以降になってから授業で英語を習いはじめた人はもはや手遅れなのです。

年輩の方々が「D」の発声がうまくできなくて、「デズニーランド」「ビルジング」と発音しているのを聞いたことがあるでしょう。滑稽に聞こえるかもしれませんが、笑ってはいけません。これは彼らの言語能力が劣っているからではありません。単に幼少時に「Di」の発音を聞いてこなかっただけの話なのです。これと同様で、私たちの脳もすでに「カタカナ英語」しか話せない仕組みになっています。もはや絶望的です。

もう一つ、目をそらさずに勇気をもって認めなくてはならない事実があります。それは、第二言語の習得能力は遺伝の影響が強いということです。一卵性双生児を用いた慎重な調査から、語学力の70〜80％は遺伝で決まっていることがわかっています。残念ながら英語習得は、大雑把に言えば、できる人はできる、できない人はできない、という世界なのです（ちなみに、母国語獲得力と第二言語習得力には関連性はありません。つまり、幼少期に言葉達者だった子が、必ずしも中学英語の成績が良いわけではありません）。

言われてみれば、日本に渡ってきた外国人を見ても、わずか3ヵ月で驚くほど日本語が上達してペラペラになる人もいれば、3年間日本に住んでも一向に日本語を話せないままの人もいます。前者は「コミュニケーションを積極的に取る人は上達が速いね」と讃えられ、後者は「日本への思い入れがないから日本人のコミュニティにも溶け込めず、日本語も上手にならないのだ」と蔑まれがちです。もう一度言いますが、第二言語の習得能力は生まれながらにして個人差が大きいのです。つま

り、「コミュニティに溶け込まないから話せない」のでなく、「話せないから溶け込めない」という逆因果もあるのです。

書店に並ぶ英語テキストの大半は、英語習得の優れた遺伝子を持っている人によって書かれています。この事実もまた忘れてはいけません。中には「英語上達の近道はこれだ」「幼児のように英語漬けで覚えよう」「私はこうして英語を話せるようになった」というように、経験則や実例が書かれた本も散見されます。これらは「著者がいかに優れた遺伝子を持って生まれてきたか」という自慢話を延々と披露しているようなものです。こうした本には、私のように2年半もニューヨークに住んで日々たゆまぬ努力を続けたのにもかかわらず（もちろん上記のようなノウハウ本もたくさん読みました）、いまだに英会話に苦労している人にとっては、ほとんど有益な情報はありません。なぜなら、才能がある人に適した上達法が書かれているに過ぎないからです。

運悪く望ましい遺伝子を持っていない私のような人は、従来の英語本から一歩離れて、常識にとらわれずに「そもそも英語習得とは何か」を考え直す必要があります。邪道だと揶揄されても、こればかりはもう仕方のないことです。英語ができる人には、できない人の気持ちは理解できないのです。

## 開き直る学習法

さて、話を元に戻し、前向きに議論を進めましょう。

先ほど「認知」とは神経活動のパターンそのものであることを説明しました。**脳が適切に活動しなければ外界は正しく認知されない**という話でした。英語が聞き取れないとは、まさにこ

のことです。「La」という空気の振動が耳に届いて鼓膜を正確にふるわせたとしても、残念ながら私の脳には「La」に反応する脳回路がありません。しかたなく脳はそれに近い「ラ」の神経を反応させます。となれば、私にとってその音は「ラ」以外の何物でもないのです。本当は「La」であっても、そんなことは私には関係ありません。なぜならば、**音は脳の外側にあるのではなく、脳の内側で作られる**のですから。同様に「Ra」が耳に届いたとしても、それも私にとっては日本語の「ラ」の音に化けます。脳はわがままです。事実は都合よくねじ曲げられます。外界はもはや私の感知の枠外です。実際の世界がどうなっているのかを脳は知ることはできないのです。

しかし、望みがまったくないわけではありません。聞き分けるのは無理でも、発声の能力ならばうまく身につけられる可能性があるのです。声は喉と舌と唇の協調した動きによって作られる、つまり運動系です。自転車が何歳になっても訓練次第で乗れるようになることからわかるように、運動能力の可塑性は大人になってもさして衰えません。

つまり、訓練によって「L」と「R」を言い分けることは、今からでも可能なのです。

実際に、私は「B」と「V」、そして「G」と「Z」をなんとか言い分けることができます。職場のアメリカ人に繰り返し聞いてもらって練習したからです。これは日本人にとって朗報でしょう。発音は矯正できるのです。

しかし日常生活でこれを訓練することは現実的でしょうか。皆さんの身近にそこまで辛抱強くつきあってくれる英米人がいるでしょうか。もし、そんな親切な友人がいればラッキーでしょうが、日本にいてなかなかそこまで環境に恵まれている人は

いないと思います。

ならばCDや音声レコーダーを駆使してでも独学でやるさ、と思う方は志の高い人です。でも、ここにも重要な問題点があります。

たしかにアメリカ人の友人が褒めてくれたように、私はBとVを発音し分けられているのかもしれません。にもかかわらず、私が発したBとVの音が、悲しいかな、自分にはまったく同じに聞こえるのです。残念ながら、私の脳回路はBとVを聞き分けられないのです。

耳の不自由な方が、言語の発達が遅いという事実を思い出してもらえればわかるでしょう。**聞き取れないことを習得することは困難なのです。**

ジョン・レノンと結婚したオノ・ヨーコさん、ボストンで活躍した世界的指揮者の小澤征爾さん、アメリカ生活の長いノーベル賞学者・利根川進先生。皆さんいずれも英語が堪能な方々です。英語を使って不動の地位を築き上げた、私の尊敬する人たちです。でも、彼らが流暢に話す英語でさえ、いまだに日本語ナマリは抜け切れてはいません。もちろん「彼らがダメだ」と言っているのではありません。脳科学的に考えて「それは当然だ」と言いたいのです。

日本語の環境で生まれ育ったのなら、日本語ナマリは一生抜けない。ましてや英語をそこそこにしか習っていない私たちが、いきなり完璧な発音で話そうなんて、夢のまた夢。科学的にみても望みは薄いのです。

ここまで話せば、もう理解していただけたことでしょう。私たちに残された道はただ1つしかありません。そう、開き直ることです。

「べつにカタカナ英語だっていいじゃないか。理想を求めることは潔くあきらめよう。どうせ、私たちの脳には英語を発音するための脳回路ができないのだから」

少なくとも私は、こう決めた瞬間、肩の荷が下りたように気分が楽になりました。

## カタカナ英語でいこう

とはいっても、ちまたでは英語を勉強するうえで「カタカナ英語」は厳禁であると言われています。実際に、私もこれまで書いてきたように、そのままのカタカナ英語では通用しません。そこで工夫が必要になるわけです。つまり、カタカナをどう活用するかなのです。

animalという単語があります。誰でも知っている単語です。でも、皆さんはこれをうまく発音して英米人に通じさせることができるでしょうか。私にはできる自信があります。それはアメリカに滞在中に、本書で紹介する**「発音の法則」**を発見したからです。詳しく説明しましょう。

多くの日本人はanimalを「アニマル」と発音します。たしかに英語の授業でもそう習いました。でも、この発音ではいつまで経っても通じることはないでしょう。理由は単純です。**割り当てるカタカナが間違っている**からです。本当は「エネモウ」と言わないといけないのです。これを読むときには変に気取って英語ぶる必要はありません。そのまま素直にカタカナを読み上げればよいでしょう。それで十分に通じます。

waterだってそうです。外国で水を注文しようと「ウォーター」と頼んでも通じなかったという経験のある方もいるでしょう。これは「ウワラ」と言えば難なく通じます。

　にもかかわらず、どうして日本人は「アニマル」とか「ウォーター」と発音するのでしょうか。「アニマル」と「エネモウ」では1文字たりとも一致していません。

　こうした発音上の誤解は「ローマ字表記」の弊害であるように思います。アイウエオ、カキクケコはヘボン式および訓令式表記法で「a i u e o」「ka ki ku ke ko」などと表します。もちろん、そのこと自体にはなんの問題もありません。とても便利な表記法だと思います。しかし、**この表記が英語の発音に対応していると考えてしまったら大問題です。**

　たしかにanimalを「アニマル」と読むのは、日本人の感覚的にも、またヘボン式からも自然に思えます。しかし実際には、「エネモウ」と読んだほうが、ネイティブそのままとは言わないものの、より本物の発音に近いのです（より厳密には「エアネモウ」のほうがベターです。詳しくはp.136を参照）。

　初めて知った人には「エネモウ」などとは一見でたらめなカタカナが並んでいるように思えるかもしれません。でも、そこにはちゃんとしたルールがあるのです。それこそが私がこの本で述べようとしている「法則」です。この法則さえ習得できれば、皆さんの話す英語が通じるようになるだけでなく、新しい単語に出会ったときにも正しい発音を見いだすことができるようになるでしょう。

　こうした一風変わった発音方法は、私がアメリカに渡って、ネイティブの方々と実際に「ああでもない、こうでもない」と

日本人にフィットした発音法をひとつひとつチェックしながら時間をかけて作り上げたものです。しかし歴史的に見れば、カタカナで置き換える試みは、けっして新しい方法ではありません。有名なところではジョン万次郎の例があります。
　江戸時代後期、少年であったジョン万次郎は、漁に出ていて遭難し、捕鯨船に助けられアメリカに渡るという数奇な運命をたどりました。英語を耳で聞いて育った彼は、英語を聞こえるままに丹念にカナに置き換えていきました。「ホッタイモイジルナ＝掘った芋いじるな（What time is it now?）」などは彼の傑作の1つでしょう。
　帰国後、万次郎は日本初の通訳士として活躍し、福沢諭吉にも英語を教えています。明治時代の人々は耳で聞いた英語そのままを学習するという方法をとっていました。「メリケン粉」や「パテ」などの言葉に当時の名残を見いだせます。それぞれ「American」「putty」が転用されたものです。ヘボン式が蔓延する現在の日本ならば「アメリカン」「パッティー」と書くところでしょう。
　肝心なことは、「アメリカン」と「メリケン」のどちらの発音が英米人に通じるかといえば「メリケン」だということです。それなのに近代の日本では、耳を重視した英語の学習を放棄してしまいました。いまや学校の授業でメリケンなどと発音したら先生に叱られるのが落ちでしょう。
　それだけではありません。どうして、私を含めた日本人は「Shut up」だけは「シャラップ」とわりと正しく言えるのに、「Get up」や「Sit down」は「ゲット　アップ」「シットダウン」と発音するのでしょうか。不思議です。これはそれぞれ「ゲラップ」「セダン」と言うべきなのです。日本人の英語に

対する気の回し方は中途半端なように思えます。

　私はそんなことを考えつつ、この矛盾を少しでも解消したいと思って筆を執りました。本書の内容はまだまだ発展の途上にあります。その意味でも、読者からのご意見を伺えれば幸いです。また、これはあくまでもアメリカ生活を通じて編み出した法則ですから、イギリス英語よりもアメリカ英語によく当てはまるはずです。

　本書の目的は、もちろん発音の向上にありますが、「カタカナ英語の法則」を知っているとヒアリングにも効能があるでしょう。なぜならば、本書の法則は耳で聞こえるままをルール化したものだからです。もし本書のカタカナ音が実践の場であなたの耳に届いたら、それはあなたの頭の中で元の英文に化けることでしょう。つまり、いままで聞き取れなかった英語が聞き取れるようになるのです。

　英語とは試験科目のために存在しているのではありません。勉強そのものは目的にはなりません。英語はあくまでコミュニケーションの道具です。ネイティブ並みに発音するのはもはや無理かもしれませんが、それでも本書のカタカナ英語の法則を使えば、自在なコミュニケーションに向け一歩前進するでしょう。完璧である必要はありません。まずは楽しんでみることをお勧めしたいと思います。

実践編の前半では、カタカナ英語を実際の英会話の場面でどう活かすかを学びます。簡単な文章やよく使われるイディオムから少しずつ学んでいきましょう。
「意識改革編」で書いたように、ここに記されているカタカナ発音は、日本語の発音しかできない人が、ネイティブの英米人に通じさせるためにはどうしたらよいかという実践的な観点から開発されたものです。その意味では正しい発音を教えているわけではありません。あくまでも日本人のカタカナ音に最適化した法則なのです。しかし現時点で考えうる最良のカタカナ置換法だと確信しています。この発音法でどのくらい通じるかは皆さん自身で確かめてみてください。その魔力に驚くことは間違いありません。カタカナ法則をマスターすれば胸を張って英語で会話ができることでしょう。

イラスト さかざきちはる

2コマ目は89ページへ→

**初級コース 01**

# Good morning.
(おはよう)

✗ グッド モーニング ⇨ ○ グッモーネン

挨拶から練習してみましょう。どの国でも「挨拶」は大切な習慣です。欧米の人々は日本人よりも広く挨拶を交わします。挨拶から一日がスタートするのです。朝、出会ったら「おはよう」。この一言があるだけで全く印象が違います。英語ができないことに臆することなく、どんどん自分から挨拶しましょう。

英語で「おはよう」は「Good morning」です。このくらいは小学生でも知っています。でも、これを「グッド　モーニング」と発音したら残念ながらうまく通じません。新カタカナ英語をマスターしたい皆さんは「グッモーネン」と発音してください。ここで「モー」という「長音」が出てきましたが、すでに述べましたように英語には日本語のような長音は存在しません。ここでいう「モー」とは単に伸ばして発声するというよりも、「モ」にアクセントを置いて強めに発音するように意識するという意味です。

この例文には発音上の注意点がこの他に2つあります。1つ目は、単語の最後の子音（goodのdやmorningのgなど）はアメリカでは聞き取れないことが多いということです。実際には発音しているのですが、とても弱い音なのです。そこで皆さんは「弱い子音はいっそのこと発音しない」という作戦をとりましょう。ただし「実際には音があった」わけですから、そこに間をとるように心がけます。「グッモーネン」よりも「グ▲モーネン」とグの後に、ほんの一瞬だけ息をのむとよく通じま

す。▲は息をのむタイミングを表しています。▲のところには「ン」と声を入れてもよく通じます。

　2つ目の注意点。これには驚く人もいるかもしれませんが、じつは英語には「イ」の発音がありません。英語の「i」は日本語の「エ」に近い音です。ですから、「モーニン」ではなく「モーネン」と発声してみましょう。でも完全に「エ」ではありませんので、ちょっとだけ「イ」を混ぜて、訛った発音をするとよいでしょう。難しければそのまま「モーネン」でOKです。

　さあ、70回繰り返してみましょう。

## 初級コース 02

# Good afternoon.
(こんにちは)

✗ グッド アフターヌーン
○ **グラフトヌーン**

　これも挨拶の練習ですが、こちらはちょっぴり上級者向けです。なぜならば、このカタカナ置き換えには4つもトリックがあるのです。

　まずGoodの次の単語「afternoon」が母音「a」で始まっているので、Goodの「d」は消えずに「Good-a」となります。「グッド ア」は「グッダ」になるわけです。このように単語と単語がくっついて音が変わることを**リエゾン**と呼びます。これが1つ目のトリックです。

　2つ目のトリックは「促音」です。英語には「促音（ッ）」がありません。ですから「グッダ」と発音すると、欧米人には「グ」と「ダ」のあいだに何か子音が隠れていると判断されてしまいます。これを避けるために、ここはつまらずに「グダ」と短縮しましょう。

　「d」は母音で挟まれると「ラ行」に変化します。これが3つ目のトリック。そう発声したほうが楽だからです。つまり「グダ」ではなくて「グラ」。

　そして最後にもう1点。「グラフターヌーン」の「ター」は、あまりはっきり発音しないことが肝心です。ここでは弱く「ト」と言いましょう。発音せずに単に「グラフ▲ヌーン」と、一瞬息をのんで「▲」でも通じます。

　ところで、このGood afternoon.という挨拶ですが、ちょっと雰囲気が堅い場面や、気の利いたレストランやデパート以

外では、めったに出会う機会がありません。

○ **Hello.**（ハロウ）

と済ますのがより一般的。親しい仲でしたら、

○ **Hi.**（ハアイ）

で十分です。ただし挨拶するときには、

○ **Hi, Tom.**

などと、最後に相手の名前を付けるのを忘れないようにしましょう。相手の名前を呼ぶことで、親近感がぐっと増して、よい友好関係が芽生えます。もちろん名字ではなくて、ファーストネームで呼びましょうね。

さあ、70回繰り返してみましょう。

## 初級コース 03

# Good night.
(おやすみ)

✖ グッド ナイト ⇨ ⭕ グッナイッ

　先の法則を知っていれば、この例もわかりますね。もう「グッド　ナイト」と言うのはやめて、かっこよく「グッナイッ」と言いましょう。この例文ではGoodのdと、nightのtの2つが抜け落ちます。ですから、正確には「グ▲ナイ▲」と、一瞬息をのむ発音になります。以降、この本で「ッ」が出てきたら、「▲」のことだと考えてください。

　ところで、goodはいつでも「グッ」と言えばよいのかというと、そんなことはありません。文末にgoodがくるときには「グーッ」と伸ばしたほうがよく通じます。たとえば、

　⭕ **Sounds good.**　いいねえ

は「サウンズグーッ」です。もちろん「グー」は日本語で言うところの長音ではなく、そこを強く発音するという意味ですので注意してください。

　なお、Sounds good.は、もともとの文はThat sounds good.ですが、普段はThatが省略されます。相手の言っていることが気に入ったときや、提案に賛成するときには「サウンズグーッ」と言えれば立派な英語です。さらにこのとき親指を天に向けて突っ立ててサムアップすれば、もうあなたもネイティブそのものですね。

　さあ、70回繰り返してみましょう。

初級コース 04

# Nice to meet you.
(お会いできて嬉しいです)

× ナイス トゥー ミート ユー
○ **ナイストミーチュ**

　初対面のときの常套句です。本心はぜんぜん嬉しくないときでもナゼか必ずこう言います。一種の社交辞令です。

　この文は正式には「It is nice to meet you」なのですが、It isはふつう省略されます。発音するときの注意点は、前置詞「to」を強く発音しないことです。会話の中では「子音」がよく抜け落ちることはすでに説明しましたが、「前置詞」も聞き取れないくらいに弱まる場合が多いのです。前置詞がなくても意味が通じるからです。「to」は「トゥー」ではなくて「ト」や「タ」と小さな声で短く発音します。

　そして、この文章でいちばん伝えたいことは「Nice」ですから、「ナイス」を強く発声しましょう。ただし、この「ス」は母音がない子音のみの音です。声を出さずに口だけを「ス」の形にして息を出します。

　「meet you」はリエゾンされて「ミーチュ」となります。「ミー」は訛って「メー」と言ったほうが本物に近いです。

　さあ、70回繰り返してみましょう。

初級コース 05

# I'm from Japan.
(日本から来ました)

> ✕ アイム フロム ジャパン
> ◯ **アイムフルムジャペアン**

　欧米では初対面のときにあまり個人的なことを質問するのは失礼です。相手の年齢、家族構成、宗教などの質問は親しくなってからにしましょう。性別を聞くのはもってのほかです。初めて会ったときは名前と出身国くらいに留めておくのが無難です。

「日本から来ました」は、簡単に「I'm from Japan」でよいのですが、「Japan」の発音には要注意です。日本人が母国「Japan」を上手く発音できないのもなんだかおかしな話ですね。学校で習うように「ジャパン」ではありません。英語の「a」は「ア」ではなく、実際には「エ」と「ア」の中間です。とくにアクセントがある部分に「a」がきたら、十分に注意しないと通じないか、時には別の意味になってしまいます。「Japan」は「ジャペアン」と発音すれば大丈夫です。これが、うまく言えるようになったら、「ペ」を短めにして「ジャペアーン」と言ってみましょう。

　この本で半角カタカナで表記された発音は、たとえばこの「ペア」ならぺとアを素早く発音するような感じを表しています。

　この「a」の発音は英会話では何度も登場しますから、普段から気をつける癖をつけておきましょう。「fax（ファックス）」もきちんと「フェアークス」と言わないと、変な意味になってしまいます。

「from」は「フルム」と言ったほうがネイティブに近いでしょう。「f」の部分では「下唇」を噛むのを忘れずに。そして「from」の発音中には舌は口の中のどこにも触れないことに注意してください。

なお、自分の出身を表現する他の常套句には、

○ **I came from Japan.**　日本から来ました

○ **I was born in Japan.**　日本で生まれました

などの言い回しがあります。また、相手の出身を聞くには

○ **Where are you from?**　どこから来ましたか？

がもっともシンプルな表現でしょう。

ところで、出身地に関係するちょっと変わった表現に、

He sounds Kansai.

という言い方があります。直訳すると「彼は関西の響きがする」となりますが、これは「彼は関西弁を話す」という意味になります。

さあ、70回繰り返してみましょう。

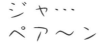

## 初級コース 06

# Just a little.
(ちょっとだけ)

❌ ジャスト ア リトル ⇨ ⭕ ジャスタリルウ

この本を読んでいる人で「英語に自信あります」と言う人はほとんどいないでしょう。

○ **Do you speak English?**　英語は話せますか？

と聞かれたら、ビビってしまうこともあるかもしれません。でも、このとき謙遜して「No」などと言ったら、それで話は終わってしまいます。欧米人には日本人独特の「謙遜」の姿勢は通用しません。自己主張してナンボの世界なのです。英語ができるかと聞かれたら「少しなら話せます」と前向きに返答して、なんとか会話に喰らいついていきましょう。

そんなときに便利な返答が「Just a little.(少しなら話せます)」です。発音ですが、まずJustとaがリエゾンして「ジャスタ」になります。littleはリトルではなく「リルウ」と言うとよく通じます。つまりJust a little.は「ジャスタリルウ」です。

同じ意味の言葉に、

○ **A little bit.**

もあります。好きなほうを使えばよいでしょう。この場合のカタカナ発音法は「アリルウビッ」です。

さあ、70回繰り返してみましょう。

## 初級コース 07

# Thank you.
(ありがとう)

✕ サンキュー ⇨ ◯ テンキュ

　これはthの発音の練習です。thは日本語の「サ行」よりも「タ行」で受けたほうが元の発音に近いです。ですから冒頭は「サン」ではなく「テン」ですね。でも、このとき絶対に忘れてならないことがあります。「テ」を発声するときには必ず<u>舌を上下の歯で噛む</u>ということです。それさえ気をつけていればthの発音はマスターしたも同然。さあ、70回繰り返し練習してみましょう。

　軽くお礼をしたい場面ではThank you.よりも、

　◯ **Thanks.** (テンクス)

のほうがしっくりくることが多いです。この最後の「クス」の発音は日本人には難しいのですが、<u>声を出さずに息だけで</u>「クス」と素早く口を動かせばそれらしくなります。

　逆に、深くお礼をしたいときには、

　◯ **Thank you very much.**

と言えばよいでしょう。女性の場合は、

　◯ **Thank you so much.**

と言ったほうが上品に聞こえます。男性はあまりsoは使わないようです。ほかには、

　◯ **Great thanks.** (グレイッテンクス)
　◯ **Thanks a lot.** (テンクサラーッ)

などという応用バージョンもよく使われます。

**初級コース 08**

# You are welcome.
(どういたしまして)

✕ ユー アー ウェルカム
◯ **ユオウェウクム**

　誰かにお礼を言われたときには、笑顔でこう返事をしましょう。

　この練習の注意点は３つ。まずareは「アー」と発音してはいけません。これは「オ」です。つまりYou areは「ユオ」となります。

　◯ **Are you coming?**　一緒に行く？

　などと疑問文のときには、ひっくり返して「オユ」と言いましょう。この例文の場合は「お湯か麺？」といった感じの発音です。

　２点目は「L」は「ウ」と発音するとよく通じることが多いということです。welcomeの「l」も「ウ」と言ってみましょう。

　３点目はwelcomeの「come」です。ここはアクセントがありませんので「カム」よりも「クム」と言ったほうがそれらしいのです。これで「ユオウェウクム」の完成です。

　ほかによく使われる「どういたしまして」の表現に、

　◯ **Don't mention it.**

　もあります。これは「ドンメンシュネッ」と発音しましょう。

　以上の点を注意しながら、さあ、70回繰り返してみましょう。

## 初級コース 09

# Not at all.
（どういたしまして）

✕ ノット アット オール ⇨ ◯ ナラローウ

　これもお礼を言われたときに「全然たいしたことじゃないですよ」と言うときに使う常套句です。

　Not at all.は学校では「ノット　アット　オール」と習ったかもしれませんが、これからの皆さんは「ナラローウ」と発音してください。まったく音が変化してしまって驚いたかもしれませんが、ここにもちゃんと法則があるのです。「リエゾン」です。

　まず、母音で始まる単語「at」と「all」が直前の単語のシッポにくっついて「ノッタットール」になりますね。でも、促音は英語では禁止ですから「ノタトール」です。ここで音の変身が起こります。つまり「t」は「d」と同様、母音に挟まれると「ラ行」に変化するのでしたね。これを適用すると「ノラロール」になります。

　さらにnotは英語では「ノット」ではなく「ナッ」と発音します。これで「ナラロール」になりました。そして最後は、前の例文のwelcomeのところでも説明したように「l」を「ウ」に置換すれば「ナラローウ」となってカタカナ発音が完成します。

　ここまで変化させてしまうと、ホントに大丈夫かと不安に感じるかもしれませんが、じつは「ナラローウ」はネイティブの発音にとても近くて、そのままカタカナ読みするだけですんなり通じます。「ノット　アット　オール」などと発音しては絶対に通じませんので要注意。

　さあ、70回繰り返してみましょう。

初級コース 10

# That's OK.
(気にしないで)

✘ ザッツ オーケー ⇨ ◯ ダーツォウケイ

　ある日本人男性が混雑した街を歩いていたら、道を急ぐ若い女性が突然ぶつかってきました。彼女は申し訳なさそうに「I'm sorry.（ごめんなさい）」と謝っています。そのとき、男性は「いえいえ、どういたしまして」という意味で「You are welcome」とニコリと笑顔を交えて返答しました。すると周囲は大爆笑の渦。その男性にはなぜ皆が笑うのかが理解できなかった様子でした。

　You are welcome.とは元来は「歓迎です」の意味。つまり「いつでもどうぞ」というニュアンスでお礼の返答として使われているのです。この場面でYou are welcome.と言えば「あなたのような美人だったら何度でもぶつかってきてくださいよ」という意味。本人の意図とは裏腹に一級の洒落になっていたのです。

　読者の皆さんは「ごめんなさい」と言われたら、

　✘ **You are welcome.**

　ではなく例文のように、

　◯ **That's OK.**

　あるいは、

　◯ **No problem.**

　と返答するように心がけましょう。

　ところで、OKは日本語では「オーケー」とか「オッケー」と言ったりしますが、英語の発音では二重母音。「オウケイ」と発音します。例文のThat's OK.ではリエゾンが起こって

「ダーツォウケイ」です。このとき「ダ」の部分は舌を噛むことを忘れずに。「ダッツ」とつまらないように注意してください。なお、口語では「ダ」が省かれて、

○ **Ts' OK.**（ツォウケイ）

と短縮されることもあります。

似たような言葉に、

○ **It's OK.**

という表現があります。これは落ち込んでいる人や臆病な人を「大丈夫だよ」「平気だよ」と慰めたり鼓舞したりするときに使われるもので、That's OK.とは多少ニュアンスが違うようです。

さあ、70回繰り返してみましょう。

初級コース  

# Don't worry about it.
(気にしないで)

× ドント ウォーリー アバウト イット
○ **ドンウオウリアバウレッ**

　これも謝ってきた相手によく言い返す言葉です。Don'tの最後のtは発音しませんが、一瞬の間をおくとよいでしょう。

　日本人には「w」の発音は難しいのですが、「ウオ」とやればかなり通じるようになります。つまり「worry」は「ウオウリ」と言います。「about it」はリエゾンして、さらに「ラ行変化」が生じますので「アバウレッ」となります。ただしアクセントの関係上「ア」はあまり強く発音しないようにしてくださいね。いっそ「ッバウレッ」と言ってもよいくらいです。

　この例文を実際に使う場面では、文末に「about it」を付けるのを忘れがちなので気をつけましょう。

　× **Don't worry.**

のように単独で使うと「心配すんなよ」とちょっとニュアンスが変わってしまいます。同様なことは、謝罪の表現の

　× **I am sorry.**

にも当てはまります。実際には、

　○ **I am sorry about it.**

と言うほうが丁寧ですので、普段から「about it」を付ける癖をつけましょう。

　ところでお詫びの返事のときに、やりがちな日本人のミスには、先例の、

　× **You are welcome.**

のほかに、

× OK, OK.

と連発してしまう表現があります。これですと「ふん、もういいよ」と不機嫌そうに聞こえてしまいます。また、

× Don't mind.

もいけません。日本語では「ドンマイ」などと言いますが、これでは命令形なので、「mind」の主語は「あなた」になってしまいます。本来意図している主語は「私」です。これを使うときには、正しく、

○ I don't mind.

と言いましょう。ただし、間違っても、

× I don't care.

とは言わないように。I don't mind.と表現は似ていますが意味がまったく違います。I don't care.だと「どうでもいい」「興味ないね」とひどいニュアンスになってしまうので注意してください。

さあ、70回繰り返してみましょう。

## 初級コース 12

# How are you?
(元気ですか？)

> ✕ ハウ アー ユー？ ⇨ 〇 ハオユ？

　中学校の英語の授業で最初に習う基本文の1つです。実際にアメリカにいるとこの言葉を聞かない日はないといってよいくらい、日常的に使われる言葉です。

　この発音で注意したいことはHowの「w」を強く発音しすぎないことです。Howは「ハ」で十分に通じます。are youは「オユ」でしたね。これを続けると「ハオユ？」となります。簡単ですね。

　人からHow are you?　こう聞かれたら、

　〇 **I'm fine.**　元気だよ

と答えましょう（もちろん体調がよいときの話ですが）。単に、

　〇 **Good.**（グーッ）

　〇 **Great.**（グレイッ）

だけでもよいです。

　そして聞かれたときには聞き返すのが礼儀。聞き返し方は、

　〇 **And you?**（エンジュ？）

　〇 **How about you?**（ハバウチュ？）

だけで十分ですが、その前にThank you.と付けておくと礼儀正しくなります。

　ところで「And」の「A」はエとアの中間音ですから「アンド」などとベタな発音はしないように。「エアンッ」と言えればベストですが、難しいようでしたら「エンッ」と言いましょう。

例文のHow are you?に似た表現に、

○ **How are you doing?**

というものがあります。これは「ハオユドゥーエン？」と発音されます。意味はだいたい同じです。

さあ、70回繰り返してみましょう。

## 初級コース 13

# What is up?
（どうだい？）

❌ ホワット イズ アップ？ ➡ ⭕ **ワツァッ？**

　How are you?に準じてよく使われる挨拶文。たとえば友達から電話がかかってきたときにはHow are you?よりもWhat is up?が一般的です。

　これは「ワツァッ？」と発音されます。isのiが抜け落ちて「Whatsup」とリエゾンしたものです。Whatの「t」がありますので、「ワ▲ツァッ？」と一瞬間（ま）を入れるとよいでしょう。

　またWhat is up?に似た表現に、

　⭕ **How is it going?**　どうよ？

というのがあります。これは「ハゼゴーエン？」あるいは「ハゼゴン？」と素早く発音されますので知っていないと聞き取れません。いずれの場合も返答は、

　⭕ **Not much.**　まあまあかな

がベストでしょう。

　こうした挨拶は社交辞令として聞いているだけで、相手がなんと答えようと、聞いたほうにはあまり関心がないことが多いようです。皆さんも海外に行ったら、あまり深く考えず、ともかく挨拶するという癖をつけておくとよいでしょう。

　さあ、70回繰り返してみましょう。

## 初級コース 14

# Take care.
(おつかれさま)

✘ テイク ケア ➔ ○ **テイケオ**

　この例文も聞かない日はないというくらいよく使われます。日本語で「じゃあね〜」とか「おつかれ〜」などと言いますね。こうした別れ際に使う英語表現では「Take care」がもっともぴったりくるフレーズです。

　発音ですが、「k」「c」と、単語をまたいで「カ行」が連続していますので、前半の子音が消えます。careは「ケオ」と発音しましょう。つまり「テイケオ」です。「テイ▲ケオ」と一瞬間をおくとよく通じます。

　ほかに別れの言葉として頻繁に使われる表現は、

○ **See you.**（スィーユもしくはスィーヤ）　またね

○ **Have a good night.**（ハヴァグッナイッ）　おやすみ

などがあります。金曜日だったら、

○ **Have a good weekend.**（ハヴァグッウィーケンッ）
　よい週末を

もいい表現ですね。

　また、風邪をひいている人などに「お大事に」という意味では、例文を応用して、

○ **Take care of yourself.**

と言うのがよいでしょう。「テイケオロヴョセウフ」と素早く発音するとすんなり通じます。

　さあ、70回繰り返してみましょう。

## 初級コース 15

# How about shopping?
(買い物なんかどう?)

> ✕ ハウ アバウト ショッピング?
> ○ **ハバウシャペン?**

「How about〜?」は代表的な勧誘の表現。柔らかな表現なのでほとんどの場面で使えます。また勧誘でなくても、質問してきた相手に同じ質問を聞き返すときの、

○ **How about you?** んで、君はどうなの?

や、値引きなどの交渉の表現として、

○ **How about discount?** まけてくれる?

などと活用できてなかなか便利です。

発音するときには「How」は短縮して「ハ」とします。つぎの「about」はわざわざ「'bout」と綴られることもあるくらい語頭の「a」がよく抜け落ちます。つまり「バウッ」と発音されるわけです。結局、How aboutは「ハバウッ」となります。

shoppingは「シャペン」もしくは「ショーピン」と言います。「ン」の部分はingの「g」が隠れていますので、ちょっと鼻にかけるように「ング」と発音しましょう。

これで「How about shopping?」が「ハバウシャペン?」と発音されることがおわかりいただけたと思いますが、「about」の「t」が隠れていますので、一瞬息をのむ発声「ハバウ▲シャペン?」ができるようになるとより通じます。なおネイティブの発音では「How about」はさらに短縮されて「ハバ」だけになってしまうことも多いようです。ただし日本人がこれをやるとうまく通じませんので真似しないほうがよいでしょう。

初級コース 16

# I will take it.
(これください)

✗ アイ ウィル テイク イット
○ **アイウテイケッ**

買い物をしていて欲しいものが決まったら、商品を指してこう言いましょう。

「will」は文中にくると、しばしば「wi」の部分が消えます。つまり「I will」は「I'll」となります。問題はこれをなんと発音するかです。もちろん「アイル」と言ってもよいのですが、「'll」は日本語の「ウ」のほうがそれっぽいです。つまり「アイウ」ですね。このとき「ウ」の部分で舌を歯で噛んでおけばほぼ完璧な発音になります。

後半のtake itはリエゾンしますが、itの部分は「イッ」よりも「エッ」と言ったほうがベターです。つまり「テイケッ」ですね。

なお、itのリエゾンには、

○ **Check it out.**（チェケラウッ） ほら、見て！ or 調べてみてね
○ **Fill it in.**（フィレリン） 記入してね
○ **Pick it up.**（ピケラッ） 拾ってください

などたくさんの例があります。

さあ、70回繰り返してみましょう。

初級コース 17

# Is that enough?
(それで足りてる？)

× イズ ザット イナッフ？
○ **イゼリナフ？**

　アメリカには25セントという中途半端な金額の硬貨があります。「quarter（クオーター）」と呼ばれて親しまれているコインです。25という数字に慣れない日本人が、これを上手に使いこなして買い物ができるようになるまでにはちょっと時間がかかります。慣れるまでは自分がいま払ったお金ではたして足りているのかどうか一瞬わからなくなってしまうこともあるでしょう。そんなときに使うと便利な言葉がIs that enough?です。

　リエゾンが多発して、まったく違う文章のように聞こえます。この変化のポイントは真ん中に挟まれた単語「that」が握っています。直前の単語「Is」の「s」と結合すると「th」が消えてしまうのです。こうした例は今後たくさん見ていくことになるでしょう。と同時に、直後の単語「enough」と結合したときに「ラ行変化」が起きます。結局、「Is that enough?」は「イゼリナフ？」となります。

　と、ここまで読んで「あれ？　Is it enough?もイゼリナフになるぞ」と気づいたらそろそろカタカナ英語が身についてきた証拠です。そのとおりなのです。Is that enough?とIs it enough?は発音上ほとんど差がありません。少なくとも日本人の私たちには聞き分けることは難しいです。こういうときは割り切って同じ発音で大丈夫です。ちなみに、同じ場面で「Is that OK?（それでいい？）」という表現も使えます。発音は

「イゼロウケイ？」です。

　それから、この本を読んだ皆さんは、quarterは「クオーター」ではなく「クウァーラ」と発音しましょうね。

　さあ、70回繰り返してみましょう。

　ところで、この25セント硬貨（quarter）ですが、1999年からアメリカ各州の記念コインが製造されています。1年に5州ずつ、10年間かけて全50州の25セント硬貨を作ろうという壮大なプロジェクトで、2008年にハワイ州やアラスカ州などの硬貨が作られて完了しました。この記念コインは、一見ふつうの25セント硬貨なのですが、手にとってよく眺めるとコイン一面に各州のモチーフが描かれています（通常のコインにはアメリカ合衆国のシンボル「白頭鷲」が刻まれています）。記念コインは相当な数が出回っていますので、アメリカに行く機会があったら、ぜひ手元のコインをチェックしてみてください。きっと見つかるでしょう。

　ちなみに、アメリカの硬貨には年号のわきに「D」や「P」などと文字が刻まれています。これはミントマークと呼ばれる印字で、製造された工場を示しています。それぞれデンバー、フィラデルフィアの造幣局で作られたという印です。

## 初級コース 18

# May I come in?
(入っていい？)

✕ メイ アイ カム イン？
◯ **メヤイカミン？**

相手に許可を求めるのに「May I ～?」を使うと礼儀正しく聞こえます。好感をもってもらえることでしょう。ここでは「May I」はリエゾンして「メヤイ」になると覚えておきましょう。何かをしてよいかを尋ねるときには、とにかくまずは「メヤイ」と言ってしまいます。そして、その後にやりたい動作を付ければいいのです。簡単ですね。たとえば、楽しそうな会話をしているグループに混ぜてほしいときには、

◯ **May I join you?** （メヤイジョイニュ？）

と聞けばよいわけです。

ところで、逆に他人に「May I ～?」で聞かれたら皆さんはどう答えますか。

◯ **May I use your pen?** 君のペン使っていい？

などという場面には実際に出くわすこともあるでしょう。こんなとき、間違っても、

✕ **Yes, you may.**

とは言わないようにしましょうね。「よろしい」といった感じで横柄に聞こえるからです。もっとも簡単な答えは、

◯ **Sure.** どうぞ

です。少し丁寧に答えたいときには、

◯ **Yes, go ahead.** どうぞ

と言ってみましょう。go aheadは「ゴアヘッ」と発音します。

ところで、「どうぞ」と答えるときに日本人的な感覚から「Please」と言ってしまいがちですが、これは変です。Pleaseは「ください」という意味ですから、依頼する側が使う単語です。*たとえば、

○ **May I use your pen, please?**

のように、May Iと言う人のほうが使うのです。つまりpleaseとgo aheadは日本語上では同じ「どうぞ」でも使う人の立場が逆になりますので気をつけてください。頼む側がpleaseで、施す側がgo aheadです。

　ついでにもう1つ。何かを手渡すときの「どうぞ」はGo ahead.よりも、

○ **Here you go.**

が一般的です。これは「はい、どうぞ」といった意味ですが、場面によっては「これでよし」「準備OK」などのニュアンスでも使えて、とても便利な表現ですので覚えておくとよいでしょう。

　さあ、70回繰り返してみましょう。

＊ただし「Sure, please do.（ええ、もちろんどうぞ）」という言い回しはある。

## 初級コース 19

# Get out of here.
(出ていけ)

✘ ゲット アウト オブ ヒア
○ **ゲラウラヴヒア**

　まあ、これを実際に本気で使うときには相当険悪な状況でしょう。でも友達とのくだけた会話の中では「アホか」という感じでツッコミにも使われます。同じようなニュアンスでは、

　○ **Shut up.**（シャラップ）　だまれ

なども親しい間柄ではよく使われます。いずれも笑顔で発することが肝心です。

　カタカナ英語という観点で、この例文は練習にもってこいです。見てのとおり2ヵ所でリエゾンが起こっています。しかも両方とも「ラ行変化」が起こって、Get out of here.は元の単語からは似ても似つかぬ「ゲラウラヴヒア」に化けてしまうのです。さあ、70回繰り返してみましょう。

　もし皆さんが本当に怒っていて、相手に出ていってほしいのなら、付録のサンプル音声のように、もっと短縮して「ゲララヒア」と声を荒らげて言うこともできます。きっと相手はビビっておとなしくその場を去っていくことでしょう。また映画の台詞では、

　○ **Get your ass out of here.**

などという汚い表現をよく耳にしますね。「ゲチュオアサウラヒア」と聞こえたらそれです。「ass」とは「お尻」のことですが、もし皆さんがこう言われてもホントにお尻を出して(get out)はいけませんよ。神経を逆撫でしちゃいますから。

　いずれにしても、こうした下品な言葉は使わないほうがよい

に決まっています。もし現実にこんな場面になったときには、怒りをぐっと抑えて、

- **Leave me alone, please.** (リーンミアロウンプリーズ)
- **I just want to be left alone.** (アイジャスワナビレフタロウン)
- **Let me be.** (レンミビ)

と言うのが紳士淑女らしい言動でしょう。いずれも「ひとりにさせてください」という意味です。なお「Leave me」は「リーブミー」ではなくて「リーンミ」もしくは「リー▲ミ」、「Let me」は「レットミー」ではなくて「レンミ」もしくは「レ▲ミ」です。こうした発音の変化はあとで説明します。

なんだ
お尻ださなくて
いいの？

**初級コース 20**

# Please have a seat.
(どうぞ掛けてください)

× プリーズ ハブ ア シート
○ **プリーズハヴァスィーツ**

　人が訪ねてきたときに、このフレーズを使う機会は多いです。慣れない日本人は「Sit down」と言ってしまいがちですが、どちらかといえば「Have a seat」を使ったほうが丁寧です。発音は「ハヴァスィーツ」と言うのがベストでしょう。

　これは依頼するときの言葉ですから「please」を付けて言うことができます。

　ちなみに「Sit down」は「シット　ダウン」ではなく「セダン」と発音します。これはtやdなどの音が連続するときに、発音しにくい関係から、どちらか一方の子音が消えてしまう現象です。この場合は、前の単語の語尾「t」が消えます。

　さあ、70回繰り返してみましょう。

初級コース 21

# I got it.
(わかったぜ)

**✕ アイ ゴット イット ⇨ ◯ アイガーレッ**

　言われた内容が理解できたときに使う言葉です。正式な場では、

○ I understand.

○ I see.

と言うべきでしょうが、I got it. には多少くだけた感じで親近感があります。それに「いやあ、いまわかったよ」という臨場感があるのも「I got it」の利点です。発音は「it」がリエゾンして「ラ行変化」しますので「アイガーレッ」となります。逆に相手が理解したかを確認するときにも、

○ **You got it?** （ユーガーレッ？）

と聞くこともできます。

またI got it. と同様な意味で、

○ **I gotcha.** （アイガ▲チャ）

という表現があります。これはI got you. が変化したものです。

　I got it. には文字どおり「手に入れたぞ」「見つけたぞ」などの意味もありますので使う機会は多いでしょう。

　ちなみに「やった」と喜ぶときは、

○ **I did it.** （アイディーデッ）

です。こうした表現はいずれも過去形なので注意しましょう。

　さあ、70回繰り返してみましょう。

初級コース 22

# Makes sense.
(なるほど)

✕ メイクス センス ⇨ ◯ **メイクセンス**

　これもよく聞く表現ですね。もともとは「That makes sense」ですが、Thatが省略されて使われます。senseは日本語の「センス」とは違って、「意味」や「理屈」を表します（ちなみに日本語でいう「センスがいい」のセンスは英語ではtasteです）。つまりMakes sense.で「意味をなす」とか「つじつまが合う」という意味になるわけです。口語ではこれが転じて「なるほどね」「そりゃ納得だあ」というニュアンスで使われます。

　発音ですが、単語のつなぎ目で「s」の音が重なっていますので、一方が消えて「メイクセンス」と短縮されます。簡単ですね。

　さて、このmake senseという熟語はじつにいろいろな場面に応用できます。

　たとえば、相手の言っていることに納得できなかったら、

　◯ **It doesn't make sense.**　おかしいよ！

と反論しましょう。このときの発音は「イッダズンメイクセンス」になります。欧米では自分の意見が言えて初めて一人前として認められます。疑問を感じたときには臆せずにどんどん発言しましょう。

　もっと強く反論したいときには、

　◯ **It doesn't make any sense.**

さらに強調して喧嘩腰になるときには、

　◯ **It doesn't make any sense at all!**

と大きな声で叫びましょう。そんなときの発音は「イッダズンメイケネセンサロウ！」とカッコよく決めましょうね。従来の和製カタカナによるダサダサ英語でわめいても叫び損になっちゃいますよ。
　逆に、自分が言っていることに自信が持てないときには、
○ **Does it make sense?**　これでつじつまは合ってる？
　と聞くことができます。発音は「ダゼッメイクセンス？」です。
　さあ、70回繰り返してみましょう。

初級コース 23

# I am not sure.
(ちょっとわかりませんね)

✕ アイ アム ノット シュア
○ **アイナッシュオ**

　質問されたことについて「わからない」ときには、できるかぎり例文のように答えましょう。

　✕ I don't know.

と言っても意味は通じるのですが、「そんなの知らねえよ」と強いニュアンスになりかねませんので、避けておくのが無難です。

　発音ですが、まず「I am」は短縮されて「I'm」となります。ところが直後の単語「not」が「n」から始まっています。mやnのような似た音が続くときにはどちらかが消えてしまうことがよく起こります。このケースでは前半の「m」が消えてしまって、結局「am」は影も形もなくなってしまいます。

「sure」は「シュア」ではなく「シュオ」のほうが元来の発音に近いでしょう。結局I am not sure.は「アイナッシュオ」となります。「ッ」のところはnotのtが隠れていますので、一瞬息をのんで「アイナ▲シュオ」のように発音します。

　似たような返答の仕方に、

　○ I have no idea.　わかりません

という方法もあります。「アイヴノウアイディーア」と発音します。

　さあ、70回繰り返してみましょう。

74

**初級コース 24**

# I didn't know that.
(それは知らなかったです)

> ✕ アイ ディドゥント ノー ザット
> ◯ **アイディンーノウダーッ**

　このフレーズも非常によく使います。使用する場面は大きく2つあります。

　まずは会話中に相手の話を盛り上げるときに使われます。「へえ、そうなんだ。それでそれで？」と、相手の言っていることに聞き入る姿勢を示すわけです。

　それから何かヘマをしでかしたときの言い訳にも使われます。「だって知らなかったんだもん」という意味ですね。もちろん「これからは気をつけます」というニュアンスで使うわけです。

　発音ですが、「didn't」の部分がちょっと難しいです。「ディンー」と言うのですが、ただの「ンー」ではなく、息をのんで鼻から抜くような感じで発声します。そう、昔のサザエさんの名台詞「ン・ガ・ン・ン」を知っている人ならばわかってもらえると思います。その冒頭の「ン」のような詰まった感じに言えばよいのです。どうしてもできないという人は普通に「ディドゥン」で通しても構いません。

　また「know」は二重母音で「ノウ」です。「ノー」ではありませんからこれも気をつけましょう。あとは「ダーッ」の部分で舌を嚙んでおけば完成です。

　さあ、70回繰り返してみましょう。

**初級コース 25**

# Say it again.
(もう1回言ってください)

> ✕ セイ イット アゲイン
> ○ **セイーラゲイン**

　相手の言ったことが聞き取れないときに使う表現です。ネイティブの英語発音に慣れていない人は細部まで聞き取れないことはよくあることです。そんなときにはわかったような顔や笑顔でごまかしたりせず、きちんと聞き返すのが礼儀。

　この例文では2ヵ所でリエゾンしています。まずSay itは「イ」の音が続いていますので「セイー」と伸ばしてしまいましょう。次のit againの部分はリエゾン&ラ行変化ですね。これで「セイーラゲイン」となります。

　さて、相手にもう1度言ってもらうときの聞き方にはいろいろなパターンがあります。わかりやすい例としては、

　○ **Repeat that.**（レピーダッ）　もう1回言ってください

　○ **Repeat your question.**（レピーチョクエスチュン）

などです。もちろんpleaseやwould youを付ければ丁寧な聞き方になります。

　○ **Say it again, please.**

　○ **Would you repeat that?**（ウジュレピーダッ？）

といった感じですね。もっと丁寧に聞きたいときには、

　○ **I beg your pardon.**（アイベギョパーンー）

という表現がありますが、かしこまった場や入社面接などよほど特別な場面でしか使われません。逆にもっと気楽に聞き返すときには、

　○ **Sorry?**

○ **Pardon?**

などと1単語で十分です。日本語では「え、なに？」といった感じになります。

いずれにしても、会話中にわからなかったり聞き取れなかった箇所があったら、ウヤムヤのままにしないでわかるまで何度も聞き返すのが英会話上達の近道です。「恥ずかしいから」「相手に申し訳ないから」といった日本人独特の姿勢は、結局、相手にとっても自分にとってもプラスになりません。

さあ、70回繰り返してみましょう。

## 初級コース 26

# Are you sure?
(まじ？)

✕ アー ユー シュア？ ⇨ ◯ オユシュオ？

　相手の言ったことを確認するために使うフレーズです。「ホントにいいの？」と再確認を促す場合と、「え？　まじで？」と会話にはずみをつける場合の、2通りの使い方があります。

　発音の仕方は、すでに出てきた知識を総動員すればわかりますね。「Are you」は「オユ」です。sureは「シュオ」でしたね。つまり「Are you sure?」は「オユシュオ？」となります。

　ところでこうした場面ではほかにもいろいろな表現が考えられます。再確認の場合は、

　◯ **Are you serious?**（オユセレアス？）

と聞くとより真剣な感じがします。

　一方、相手の会話に反応する場合には、ほかに、

　◯ **Are you kidding?**（オユケデン？）　冗談かい？

　◯ **Really?**　そうなんだ

　◯ **Unbelievable!**（アンベレーヴァボウ！）　そんなアホな！

　◯ **No way!**　うっそお！

などと相づちを打つことができます。こうした会話に彩りを与える言葉を巧みに利用すれば、聞き上手になることができるでしょう。

　さあ、70回繰り返してみましょう。

## 初級コース 27

# I need a cab.
(タクシーを呼んでもらえますか?)

× アイ ニード ア キャブ
○ **アイニーラキャーブ**

ホテルのフロントなどにタクシーを呼んでもらうときに使う表現ですね。

発音のポイントはリエゾン。「need」と「a」が結合したときに「ラ行変化」が起こって「ニーラ」と変わることです。

「cab」は「キャーブ」と伸ばしぎみに発音しましょう。でも最後の「b」は無母音ですから、声を出さずに口の形を「ブ」として息だけを出します。

厳密なことをいえば日本語の「キャ」の「ャ」の発音は「ア」と「イ」の中間音です。でも、実際の「cab」は「a」の発音ですから「ア」と「エ」の中間音なのです。「キャーブ」ではなく「ケァーブ」と言うほうがよい発音になります。もちろんcabのかわりにtaxiという単語を使っても大丈夫です。taxiの発音は「テァークスィ」。「ク」は無母音です。

ところで、タクシーの運転手に「急いでくれ」と言うときの独特の表現があります。「Step on it.(ステパネッ)」です。映画などで聞く機会もあると思います。この場合のitとはアクセルのことです。アクセルを踏み込めという意味ですね。

さあ、70回繰り返してみましょう。

**初級コース 28**

# I am getting off.
(降ります)

> ✕ アイ アム ゲッティング オフ
> ○ **アイムゲリンガフ**

　バスに乗っていて運転手に降りたい旨を伝えるときに使う表現です。

　「getting」はもちろん「get」の進行形なのですが、こう変化したときには「tt」が母音で挟まれますので「ラ行変化」が起こります。つまり「ゲッティング」ではなく、「ゲリン」あるいは「ゲレン」となります。たとえば「寒くなってきた」は「It is getting cold.（イツゲリンコーゥ）」です。

　この例文では後続の単語offが母音で始まっていますので、「 - ing」の「g」が復活してきます。つまり「ゲリンガフ」となるわけです。ここで注意してほしいのは「ガ」は鼻濁音で発声するということ。つまり「ガリレオ」の「ガ」ではなく、「曲がる」の「が」の発音です。もっとも若い世代では「曲がる」に鼻濁音を使わない人も増えてきたようですが。

　さて、getはとてもよく使われる単語で、いろいろな場面で出てきます。ところが、この単語は短いうえに最後が「t」という子音で終わっていますから、リエゾンによって音が頻繁に変化します。発音には注意が必要です。

- ○ **get at**（ゲラット）　〜に届く
- ○ **get in**（ゲリン）　〜に乗り込む
- ○ **get off**（ゲラフ）　〜から降りる
- ○ **get on**（ゲラン）　〜に乗る
- ○ **get out**（ゲラウッ）　出る

○ **get over**（ゲロウヴァ）　〜から回復する
○ **get up**（ゲラップ）　起きる
などは代表的な変化の例です。

　getはさらに冠詞ともリエゾンして、発音が変化します。たとえば、メールを受け取ったときは「I got a mail」と表現できます。不定冠詞「a」が入っていますね。これを英語らしくいうと「アイガラメイウ」となります。もしこれが定冠詞で「I got the mail」だったら、「そのメールはもう読んだよ」というニュアンスになり、発音も「アイガタメイウ」に変化します。この「タ」の部分は舌を噛んでください。

　さあ、70回繰り返してみましょう。

## 初級コース 29

# What should I do?
(どうしたらいいの？)

✗ ホワット シュッド アイ ドゥー?
○ **ワッシュライドゥ?**

　これは海外生活に慣れていない人には必須の表現ですね。どうしたらよいかわからないことがあったら周囲の人に「What should I do?」と言って助けを請いましょう。

　発音ですがWhatは語尾のtをほとんど発音せずに「ッ」とつめておきます。続く「should I」の部分はdの音が消えて「shoul'I」と縮まります。つまり「シュライ」となります。これで「ワッシュライ」ができましたね。

　「should I」という表現は「お手伝いしましょうか？」と、相手を助ける意思を表すときにも使われます。たとえば電話の相手に「伝言は？」と聞くときには、

　○ **Should I take a message?**　伝言いたしましょうか？

　と言えます。この場合の発音は「シュライテイカメセジ？」です。

　さあ、70回繰り返してみましょう。

## 初級コース 30

### Take it easy.
(気楽にね)

✗ テイク イット イージー
○ **テイケリーズィ**

緊張を解きほぐしてあげるときなどに使われる言葉です。「肩の力を抜いていこうぜ」という意味ですね。

これもリエゾンが入っています。2つあります。後半の「it easy」では「ラ行変化」が起こっていますので気をつけてください。またeasyの「sy」は「ジ」でなくて「ズィ」です。

ついでに似た表現をあと2つ練習してみましょう。「ごゆっくりどうぞ」という意味では、

○ **Take your time.**

発音は「テイキョタイム」。「慌てないで」という意味でも使えます。

また「どうぞくつろいで」という意味では、

○ **Make yourself at home.**

がしっくりきます。発音は「メイキュオセウファ▲ホウム」です。

さあ、70回繰り返してみましょう。

**初級コース 31**

# I've got to go.
(もう行かないと)

✗ アイブ ゴット トゥー ゴー
○ **アイガーラゴウ**

　パーティー会場や友達宅などからおいとまするときに頻繁に使われる表現です。

　「I've got to」は「I have to」と同じ意味ですが、口語では「I have to」以上によく使われます。日本語でいうところの「〜しなくっちゃ」という軽いニュアンスです。発音するときには「've」の音を消して、「アイガーラ」と言うのがベストです。

　なお、例文のI've got to go.の場合は、口語では、

　○ **I've got to get going.**

と表現されることもしばしばあります。意味は同じですがgetが２つも入ってきていますね。このときは「アイガーラゲッゴーエン」と発音します。

　この「have got to」は「have to」よりも柔らかい感じになりますので、相手に何か言うときにも使えます。

　○ **You've got to work.**（ユガーラウオアク）

と言えば「勉強したほうがいいんじゃない」と助言していることになります。なおworkは「ワーク」と発音するとwalk（歩く）に間違えられてしまいますので、「ウオアク」と発音します。

　さあ、70回繰り返してみましょう。

## 初級コース 32

# A couple of minutes.
（ちょっと待って）

✕ ア カップル オブ ミニッツ
○ **アカプラメネツ**

　これは「Wait for a couple of minutes」が省略されたものです。文字どおりでは「2分間待って」ですが、アメリカで「A couple of minutes」と言われたら、現実には2分以上は待たされることになるでしょう。

　発音するときには促音をことごとく省くように注意します。「カップル」は「カプル」、「ミニッツ」は「ミニツ」です。ただし「ミニツ」と言うよりも「メネツ」と言ったほうがよく通じます。あとは「of」をリエゾンさせて、fの音を消せば「アカプラメネツ」の完成ですね。

　ほかに「ちょっと待って」という意味でよく使われる表現は、

　○ **One minute.** （ワンメネッ）
　○ **One second.** （ワンセカン）
　○ **Just a moment.** （ジャスタモウメン）

などがあります。いずれも使うチャンスが多いでしょう。もちろん文字どおりの意味よりも長く待たせてしまっても文句は言われません。

　ちなみに電話で「少々お待ちください」は、

　○ **Hold on, please.** （ホーウダプリーズ）

です。

　さあ、70回繰り返してみましょう。

**初級コース 33**

# Give me some medicine.
（薬をください）

✕ ギブ ミー サム メディシン
○ **ギンミスメデスン**

　これで実践編初級コースのレッスンもおしまいです。最後ですからちょっと難しい例文にチャレンジしましょう。

　この発音ですが、まず「Give me」は「v」と「m」が発音上ぶつかりますので「v」が飛びます。つまり「ギミー」のようになります。ただし実際には「ギンミ」と言ったほうがよく通じます。

　つぎの「some」ですが文中にきたときにはあまり「サム」とはっきり言わないほうがよいでしょう。「スム」と発音したほうが自然に聞こえます。さらに続く単語が「m」で始まりますので、ここも「m」の音が重なりますね。したがって前の単語の語尾が飛びます。結局「some」は「ス」だけになってしまうのです。

　あとは「medicine」を「メデスン」と発音すれば「ギンミスメデスン」のできあがり。さあ、70回繰り返してみましょう。

　この応用編として（実際には使う場面があっては困るのですが）、たとえば、

　○ **Give me some money.**　カネくれ

　も、なんと発音したらよいかおわかりですね。正解は「ギンミスマネ」です。なんだか「君、すまねえ」って感じですね。あ、スミマセン。ということで、気にせず実践編応用コースに進みましょう。

# PART Ⅲ

# 実践編
# 応用コース

Can I have some water?
A cup of coffee, please.
Let me get a slice to go.
Do you have coke?
Can you take our picture?
How do I get to Tokyo station?
don't feel like it.
It is yours, isn't it?
I was able to swim.
That is not what I meant.
What is the next stop?
How long does it take?
Do you want to listen to music?
What do you think about it?

これまでは4単語以内の短文やイディオムでカタカナ英語を練習しました。これだけでも言いたいことをかなり伝えられるでしょう。これからの応用コースでは、もっと長く複雑な、しかし、よく使われる文章でカタカナ発音を練習していきましょう。

　練習していくと気づかれるかと思いますが、ほとんどはリエゾン（単語と単語が融合したことで発音が変わること）の練習になります。リエゾンは慣れないと難しかったり、また面倒に感じる場合もあるかもしれませんが、特定のパターンさえ覚えてしまえば、リエゾンを使わないで話すよりも楽に感じられるようになります。逆にリエゾンをマスターすれば英会話力がぐーんと上達します。何度でも言います。ともかく練習あるのみです。黙読しているだけではダメです。本書は単に読み流すための本ではありません。英語のドリルなのです。すべての例文を70回は繰り返し発声してみましょう。

イラスト　さかざきちはる

3コマ目は133ページへ→

**応用コース 34**

# A cup of coffee, please.
(コーヒーをください)

✗ ア カップ オブ コーヒー プリーズ
○ **アカパカーフィ プリーズ**

　実践編の後半はまず買い物や注文の仕方から練習していきましょう。

　もっとも簡単な頼み方は「欲しいもの＋please」という方法ですね。たとえば、紅茶が欲しかったら「Hot tea, please」、チケットが2枚欲しかったら「Two tickets, please」です。楽ちんですね。

　例文ではコーヒーを頼んでいます。「Coffee, please」でも通じますが、慣れてきたら何杯欲しいかをちゃんと言えるようになりましょう。たとえば、1杯のときは、

　○ **One coffee, please.**

でもよいのですが、正確に言うのでしたら例文のように、

　○ **A cup of coffee, please.**

という表現が適当でしょう。「A cup of」はリエゾンが起こって「アカパ」となります。「カ」のところにアクセントを置いて「アカーパ」と伸ばすように言うとよく通じます。2杯以上のときは「～ cups of」になりますが、これは「カパサ」と発音します。ちなみにcoffeeはコーヒーではなく「カーフィ」ですね。

　ついでに、そのほかの飲み物の発音も覚えておきましょう。

　○ **hot tea**（ハッティ）　温かい紅茶
　○ **iced tea**（アイスティ）　冷たい紅茶
　○ **coke**（コウク）　コーラ

○ **orange juice**(アレン▲ジュース) オレンジジュース
○ **beer**(ビオ) ビール

なお、アイスティやコーラなどを注文するときには「a cup of ~」ではなくて「a glass of ~」を使います。「アグラサ」と発音してください。

ところで、前に出てきた「tickets」ですが、この発音は「テケツ」。日本人は「チケッツ」と言ってしまいがちですが、これでは通じません。促音「ッ」が入ってしまっているだけでなく、「ti」を「チ」と発音しているからです。ここは「t」ですから「ティ」ですね。ほかにやりがちな同類のミスは「tip」。チップではなく「ティプ」です。なお「i」は日本語の「エ」に近い音なので「ティケツ」よりも「テケツ」のほうがよく通じます。

さあ、70回繰り返してみましょう。

**応用コース ㉟**

# Can I have some water?
（水をください）

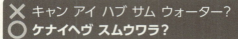

✕ キャン アイ ハブ サム ウォーター？
○ **ケナイヘヴ スムウワラ？**

　注文の仕方に慣れてきたら、しだいに「文章」で頼めるようにしていきましょう。

　文章を使った頼み方でもっとも簡単な方法は「Can I have」を使う方法です。

　日本人は「can」を「キャン」、「have」を「ハブ」と発音しますが、canもhaveもともに「a」の部分の発音記号は「æ」です。つまりアとエの中間音。haveを「ハブ」と発音するのは通じるのですが、canの「キャン」はちょっとマズいですね。haveを「ヒャブ」と言ったらおかしいのには気づきますよね。それと同じです。正しくは「ケアン」。うまくできなければ「ケン」や「カン」といきましょう。

　ここではCan I haveは「ケナイヘヴ」であると覚えておくのがよいでしょう。欲しいものがあったら、まず「ケナイヘヴ」と言ってしまってから、そのあとに欲しいもの（例文では水）を付ければよいのです。ケナイヘヴ、ケナイヘヴ、さあ、70回繰り返してみましょう。

　すでに実践編の初級コースでも出てきたようにsomeはスムですね。waterは「w」で始まっていますから注意してください。「ウワラ」または「ウワロ」と言います。

　高級なレストランでは、

○ **I would have the steak.**　ステーキをください

のように「I would have」で始めると上品になります。発

音は「アイウダヴ」です。「h」が消えてしまうからです。これについては後で説明します。ちなみにsteakはステーキでなく「ステイク」です。

　注：Can I haveはもっと短縮して「ケナヤ」と言うこともできます。

**応用コース 36**

# Let me get a slice to go.
（ピザを持ち帰りでください）

✖ レット ミー ゲット ア スライス トゥー ゴー
◯ **レンミー ゲラスライス トゥゴウ**

　気楽なファーストフード店やデリカテッセンなどでは例文のように頼むことができます。

　「Let me」の発音ですが、「t」のあとに「m」や「n」が続くと、「t」の音が後続の音に引かれて音が変わってしまうことがあります。この場合「Lemme」となります。つまり「レンミー」です。「～をください」は「レンミーゲット」となるのです。このほかしばしば使われる表現としては、

　◯ **Let me know.**（レンミーノウ）　教えてください

や、話の途中で言葉に詰まったときの、

　◯ **Let me see.**（レンミースィー）　えーっと

などがあります。

　例文中の「slice」というのは「a slice of pizza」のことで、ふつうsliceと言えばそれだけでピザ１切れを意味します。「to go」は持ち帰りという意味です。日本では「テイクアウト」と言いますが、アメリカでは「take out」とは言わずに「to go」と言うのが一般的です。逆に店内で食べていくときには、

　◯ **Let me get a slice for here.**

と言えばよいでしょう。「for here」を付けずに単に、

　◯ **Let me get a slice.**

とだけ言うと、店員さんが、

　◯ **For here or to go?**

と聞いてくれます。

さあ、70回繰り返してみましょう。

ところで、先ほど出てきた「Let me see.（えーっと）」という表現。このようにちょっと言葉に詰まったときに会話を繋ぐための言葉は、知っているととても便利ですので、ここで少しまとめてみましょう。

○ **Well...**（ウェーウ）　えーっと……
○ **How to say...**（ハウルセイ）　なんというか……
○ **How do I say...**（ハルアイセイ）　なんというか……
○ **What can I say...**（ワッケナイセイ）　なんというか……
○ **Let me think for a moment...**（レンミーテンク フォア ラモウメンッ）　ちょっと考えさせてください……

こうした表現をうまく使ってしのぎながら考えるとよいと思います。

**応用コース 37**

# Do you have coke?
(コーラはありますか？)

✕ ドゥー ユー ハブ コーク？
○ **ドゥヤヴ コウク？**

　さて、ここまで注文の仕方を練習してきましたが、最後の例文はちょっと婉曲的な表現。日本でも「〜ありますか？」と頼むことはありますが、それと同じ表現です。「〜ありますか？」と聞きたいとき学校英語だと「Is there 〜?」と英作文しそうになりますが、実際には「Do you have 〜?」と聞きます。

　ところで「ハ行」、つまり「h」の発音は空気の摩擦音で、発声の難しい音です。フランス語に至っては「h」はまったく発音されません。英語でも素早く話すときには「h」の音はよく抜け落ちます。Do you haveは「Do you'ave」となり、さらに短縮されて「Do y'ave」まで行きつきます。カタカナで書くと「ドゥヤヴ」ですね。つまり、ドゥヤヴのあとに欲しいものをつなげて言えば、注文したことになります。ドゥヤヴ、ドゥヤヴ。70回繰り返してみましょう。

　もちろん、この「ドゥヤヴ」にはたくさんの応用方法があります。たとえば、相手がペットを飼っているかを聞きたければ、

　○ **Do you have a pet?**（ドゥヤヴァペッ？）

暇かを尋ねたければ、

　○ **Do you have time?**（ドゥヤヴタイム？）　あいてる？

時刻を聞きたければ、

　○ **Do you have the time?**（ドゥヤヴダタイム？）　いま何時？

意見が聞きたければ、

○ **Do you have any idea?**（ドゥヤヴェネアイディーア？）よい考えはある？

相手の計画を聞きたければ、

○ **Do you have a plan?**（ドゥヤヴァプレアン？） どうするの？

などなど。「ドゥヤヴ」法はあちこちで力を発揮するでしょう。

ところで、前の「Do you have time?（あいてる？）」は、通常はナンパするときの表現で、風俗嬢たちの客引きの決まり文句にもなっています。男性が男性にこう話しかけると、シチュエーション次第では、周囲から勘違いされてしまいますし、もちろん女性が男性に使ったらそれはそれで相手に妙な誤解をされるかもしれませんので要注意です。

**応用コース 38**

# Can you take our picture?
(写真を撮っていただけますか？)

✗ キャン ユー テイク アワ ピクチャー？
○ **ケニュテイカワペクチョ？**

　これまでは注文の仕方を練習してきましたので、つぎに頼みごとをするときの表現を練習してみましょう。何かを依頼することは日常生活ではよくあるシチュエーションですね。

　日本人は写真が大好き。旅行先のありとあらゆる場所で写真を撮ります。海外でちょっとした観光地に出かけると、集合写真を撮っているのは日本人をはじめとしたアジア人がほとんどでした。そんな姿が欧米人には滑稽に映るようです。そうと知りつつも、でもやはり思い出の写真。1枚くらいは撮っておきたいと考えるのは私も同じです。

　例文は旅行先などで写真を撮ってくれるよう依頼するときの典型的な表現です。使う機会も多いと思いますので、そっくりそのまま暗記してしまいましょう。

　「Can you ～?」は依頼の表現ですね。ここもキャンと発音しないで「ケン」、さらに後続のyouとリエゾンして「ケニュ」。「take our」は二重母音とリエゾンに注意して「テイカワ」。最後のpictureは「ピクチャー」ではなく「ペクチョ」。さあ、つなげて言ってみましょう。ケニュテイカワペクチョ、ケニュテイカワペクチョ。70回繰り返して覚えましょう。

**応用コース ㊴**

# Could you tell me the way to the post office?
（郵便局までの行き方を教えてください）

✗ クッドゥ ユー テル ミー ザ ウェイ トゥ ザ ポスト オフィス？

○ **クジュテウミ ダウェイルダ ポウスタフェス？**

次にもう少し丁寧な依頼の仕方を練習してみましょう。

この例文では「教えてください」と頼むのに「Could you tell me ～?」という表現を使っています。「Could」のかわりに「Can」「Will」を使っても同じですが、一般的に過去形（つまりcouldやwould）を使ったほうが丁寧な尋ね方になります。日本語でも同じことですね。「そうですか？」と言うよりも「そうでしたか？」と過去形で言ったほうが柔らかさが出ます。

発音ですが、Could youはリエゾンして「クジュ」となります。tellの「ll」は「ウ」と言ったほうがそれっぽいでしょう。Could you tell meは「クジュテウミ」です。

つまり、知りたいことがあったら、まず「クジュテウミ」と言ってから、そのあとに教えてほしいことを付ければよいわけです。例文の場合は、道順（way）を聞いているわけです。the way to theは「ダウェイルダ」。postは「ポウストゥ」、officeは「アフェス」。リエゾンさせれば「ポウスタフェス」です。はい、70回繰り返しましょう。

応用コース **40**

# How do I get to Tokyo station?
(東京駅までの行き方を教えてください)

> ✗ ハウ ドゥー アイ ゲット トゥー トーキョー ステーション?
>
> ○ **ハルアイゲットゥ トウキョウ ステイシュン?**

道順の聞き方が出てきたついでに、ほかの尋ね方の表現をまとめてみましょう。

もっとも簡単な聞き方は「Where is ～?」とダイレクトに聞くことです。英語の初心者はこれで十分です。ちょっと慣れてきたら「Which is the way to ～?」のような表現もできるでしょう。どちらも直感的に日本人の言語感覚にもマッチした表現ですね。

でも、ここではもう少し違った尋ね方もマスターしましょう。それは「How do I get to ～?」です。直訳すれば「どうしたら～にたどり着けるのですか?」という意味ですね。これも道を聞くときによく使われる定型句です。

発音ですが、Howは短く「ハ」とします。すると続く単語doの「d」が母音で挟まれますから「ラ行変化」が適用され「ル」に化けます。つまり「How do I」は「ハルアイ」です。次のget toは「t」が二重になっていますので、こんなときはつなげて「ゲットゥ」です。一瞬の「ッ」の間は「t」が消えていますよという印です。これで「ハルアイゲットゥ」のできあがり。「ハルアイゲットゥ＋行きたい場所」と聞けるようになれば、イキな英語になります。

例文のstationですが「tion」の部分はあまり「ション」とはっきり発音しないほうがよいでしょう。「シュン」くらいがちょうどよいと思います。二重母音「エイ」にも注意しながら「ステイシュン」と言ってみましょう。

　ところで、この「How do（ハル）」は方法や様子を尋ねる表現なので、実際に使う機会は多いと思います。

○ **How do I know?**（ハルアイノウ？）　どうしたらわかるの？

○ **How do I look?**（ハルアイルーク？）　どう？　似合う？

○ **How do I say...**（ハルアイセイ）　なんというか……

○ **How do you do?**（ハリュドゥ）　はじめまして

さあ、70回繰り返してみましょう。

## 応用コース 41

# I want you to pick me up at the airport.
(空港まで迎えに来てください)

× アイ ウォント ユー トゥー ピック ミー アップ アット ジ エアポート

○ **アイワニュル ペクミーアパテオポーッ (t)**

「I want you to ～」は直訳すれば「君に～してほしい」という意味ですね。つまり、ストレートにものを頼むときの表現です。この例文には重要なリエゾンがいくつか含まれています。

まず中核となる「I want you to」の部分です。学校ではwantは「ウォント」と習ったかもしれませんが「ワント」と発音したほうがよいでしょう。でないと「won't（= will not)」と間違えられてしまうかもしれません。wantとwon'tでは意味がまったく異なりますから大変な勘違いが起こりかねません。ちなみに「won't」と言いたいときには二重母音「オウ」をしっかり効かせて「ウォウント」です。

want youがリエゾンして「ワンチュ」となるのは、この本をここまで練習してきた皆さんならば楽勝でしょう。ところが、こうなるとwantのntが母音で挟まれることになります。こういうときはtが消えてしまって、wan'youで「ワニュ」となります。同時に次のtoもリエゾンが生じます。直前にyouがありますので、tが母音で挟まれます。つまりラ行変化が起こって「トゥ」ではなく「ル」となります。結局、「I want you to」は「アイワニュル」と発音されます。これをまず定型句として覚えてしまいましょう。アイワニュル、アイワニュ

ル。

次のリエゾンのポイントは「up at the」です。up atの結合は問題ないと思いますが、at theは注意がいります。tとthの発音が連続すると、前のtが消えてしまうのです。つまり「up at the」は「アパテ」となります。もちろん「テ」の部分は「the」ですから舌を嚙むのを忘れないようにしてください。

こうした変化は英会話の中ではしばしば起こります。

○ **Look at this!**（ルカッ**ティ**ス！）　これ見て！

○ **at this moment**（ア**ティ**スモウメンッ）　いまは／現時点では

などは常套句として覚えておくとよいでしょう。

なお例文ではtheのあとのairportが母音で始まっていますから、さらにつなげて「テオポーッ」と発声しましょう。

さあ、70回繰り返してみましょう。

応用コース **42**

# Do you mind if I open the door?
（ドアを開けてよいですか？）

× ドゥー ユー マインド イフ アイ オープン ザ ドア？

◯ **ジュマインデファイ オウペナドア？**

　「Do you mind if I～?」は許可を求める表現です。実践編の初級コースで「May I～?（メヤイ～?）」という表現を練習しましたが意味はだいたい同じです。しかし、この例文のほうが「私が～したら気にしますか？」という原意ですから、さらに柔らかな姿勢なります。

　発音は「ジュマインデファイ」と言います。リエゾンがたくさん起こっていますが、簡単なものばかりですので細かく説明する必要はないでしょう。ジュマインデファイ、ジュマインデファイと丸暗記してしまえばよいと思います。実際に使うときには「ジュマインデファイ」とまず言ってから、つぎに「自分がしたいことの動詞」をつなげるだけでよいのです。なお、付録音声のように一部の地域ではifは「イヴ」と濁ることもあります。

　ついでに、こう聞かれたときの受け答えの仕方も覚えておきましょう。「ドアを開けてよいですか？」という質問のニュアンスから、「はい、どうぞ」と言いたいときにうっかり「Yes」と答えてしまいがちですが、「mind＝気にする」という動詞を考えていただければわかるように、Yesでは逆に「ダメです」という意味になってしまいます。「いいですよ」と言うときには、

○ **Certainly not.**（スオトゥンレナーッ）
とか、
○ **Go ahead.**（ゴアヘッ）
と答えましょう。また断りたいときには、
○ **I wish you wouldn't.**（アイウィシュードゥン）
などと言えばよいでしょう。

なお例文の「open the」の部分には注意してください。「n＋th」という音列の前後が母音で挟まれると「th」が消えてしまいます。この場合は「open'e」となり「オウペナ」と発音されます。この「ナ」の音はthの名残で舌を噛んでおくとよりよいでしょう。このようにthがnで消されてしまうケースはたくさんあります。

○ **in this case**（イ**ニ**スケイス）　この場合は
○ **in the morning**（イ**ナ**モーネン）　朝に
○ **on that day**（オ**ンナ**ッデイ）　その日に
などなど、挙げだすときりがありません。

ジュマインデァイ
ジュマインデァイ
ジュマイレデァイ

**応用コース 43**

# What do you think about it?
(どう思う？)

> ✗ ホワット ドゥー ユー シンク アバウト イット？
> ○ **ワルユーテンカバウレッ？**

　日本ではあまり意見を言うと「でしゃばりだ」と思われてしまいますが、欧米ではむしろ意見が言えないと「ダメなやつ」とレッテルを貼られてしまいます。初めは抵抗があるかもしれませんが、思うところがあったらどんどん発言することが肝心です。そして、相手からも意見を引き出して議論を発展させていくのが欧米流。自分がなにか意見を述べたあとには、例文のように「どう思う？」と聞いてみるとよいでしょう。

　発音ですが、「What do」の部分は、tとdが続いていますので、前のtが消えます。つまり「Wha'do」ですね。すると今度は、dの前後が母音になりますからラ行変化が起こって、結局「ワル」となります。

　残りの部分「テンカバウレッ」は単純なリエゾンですね。ただし「テ」はthですから舌を噛むのを忘れないようにしましょう。

　実際の会話のときに日本人が犯しやすいミスは「どう思う？」という語感から、

　✗ **How do you think?**

と英作文してしまうことです。Howで文を始めると、「考えている内容」でなく「考える手段」を聞く質問になってしまいます。こう聞いたら、おそらく相手は「Using my brain.（脳

を使って考えます)」と答えてくれることでしょう。

ところで例文のWhat do you think about it?は単に相手の意見を聞くときだけでなく、会話中のツッコミにも使えます。関西弁風に言えば「なに考えとるねん」といった感じでしょうか。同様に、

○ **What are you doing?** なにしとんねん
○ **What are you talking about?** なに言うとんねん

という表現もあります。発音ですがWhat areがリエゾン＆ラ行変化で「ワロ」になります。つまり前者は「ワロユドゥーエン？」、後者は「ワロユトーケンガバウッ？」ですね。

さあ、70回繰り返してみましょう。

注：例文は「悪酔いチンコ暴れ」と言っても通じます。確認済み。

## 応用コース 44

# Please send me some money as soon as possible.
(できるだけ早く送金してください)

× プリーズ センド ミー サム マネー アズ スーン アズ ポシブル

○ **プリーッセンミスマネ ズスーネズパセボウ**

as soon as possibleは「可能な限り早く」という意味の常套句です。たいていは文末に置かれます。この句の中にasが2回出てきますが、アクセントの関係で両者の音を変えて発音したほうがよく通じます。1回目のasは「ウズ」、2回目のasは「エズ(またはエアズ)」とします。つまり「as soon as」は「ウズスーネズ」となります。もしくはいっそのこと「ウ」は発音しないで「ズスーネズ」でもよいです。possibleは「パセボウ」と発音しましょう。

前半部分の注意点は「send me」のリエゾンです。mの前にdがありますからdが消えて、sen'meとなります。発音は「センミ」です。Let meが「レンミ」、Give meが「ギンミ」と変化したのと似ていますね。実際には「セン▲ミ」と一瞬間を入れたほうがよく通じます。同じようにPlease sendは単語をまたいで「s」の発音が続いていますので、全体として「プリー▲セン▲ミ」と言ったほうがよいでしょう。

ところで送り先がmeではなくてhim(彼に)だったら、どう発音するかわかりますか。「send him」は、meの場合とは逆に、「d」ではなく「h」がドロンして「send'im(センディム)」になります。同様に「send them」は「send'em(センデム)」です。もちろんこの「デ」は舌を噛みます。

このように代名詞の「h」や「th」はよくリエゾンで消えて、まったく違う発音に変わってしまいます。いくつか例を挙げておきます。

- **let him know**（let'im know＝レリムノウ）
- **ask her**（ask'er＝エアスコー）
- **tell them**（tell'em＝テレム）
- **meet him**（meet'im＝ミーティム）
- **find her**（find'er＝ファインドー）
- **cut them**（cut'em＝カッテム）

こうした変化は慣れないと話すことはおろか、聞き取ることもできません。

一般に消えやすい子音を順番に挙げると**「h＞th＞g＞d, t＞l＞f, v＞r」**となります。逆に消えにくい子音は「b, k, m, n, s」です。たとえば「send me」や「send him」などのように子音が並んだときに、どちらの子音が消えるかを判断する参考になるでしょう。前者では「d＞m」ですから「d」が、後者では「d＜h」ですから「h」が消えるわけです。

いずれにしても、こうした感覚をつかむにはただただ練習あるのみです。さあ、70回繰り返してみましょう。

**応用コース** 45

# What kind of movies do you like?
(どんな映画が好きですか？)

× ホワット カインド オブ ムービーズ ドゥー ユー ライク？

○ **ワッカイナムーヴィズ ドゥユライク？**

　これは「kind of」の練習です。前ページで習った「子音が消える法則」を応用していきましょう。kind ofではndが母音で挟まれて音が不安定になっています。こんなときはどちらかを消したほうが発音しやすくなります。「n」と「d」では勝敗は明らかですね。前のページのリストによれば「h＞th＞g＞d, t＞l＞f, v＞r＞b, k, m, n, s」の順に消えやすいですから、この場合は、nが勝ち残って「kin'of」となります。ofは「アヴ」ですから、発音は「カイナヴ」ですね。実際には「ヴ」は単独子音ですからほとんど発声しなくてもよいでしょう。こうして「どんな？」という表現「What kind of」は「ワッカイナ」と発音されることになります。

　kindと同じ意味の単語に「sort」があります。これを使って、例文は、

○ **What sort of movies do you like?**

と表現されることもしばしばあります。sort ofもrtが母音で挟まれていますね。「r」と「t」のどちらが残るかは、先の法則を知っている皆さんなら、もうおわかりでしょう。「r」が残って「sor'of」となりますね。発音は「サーラヴ」。What sort of moviesは「ワッサーラ（ヴ）ムーヴィズ」と言います。

　もう１つ練習してみましょう。

○ **in front of ~**　　~の前に

これはどうなるでしょう。母音に挟まれて不安定になるところは「nt」の部分ですね。この場合は「n」が残って「in fron'of」となります。発音は「インフラーナヴ」です。

さあ、70回繰り返してみましょう。

ところで「kind of」は「種類の」の意味が転じて、口語では「まあね」「～みたいな」のニュアンスで使用されます。とくに、

○ **I am kind of busy.** (アイムカイナビズィ) ちょっと忙しくて

は単に「I am busy」とだけつっけんどんに言うよりも、表現が柔らかになるので好まれます。こうした場合の「kind of」には冠詞は付きませんので、「a kind of busy」などとは言わないように注意してください。

ちなみに「sort of」もそのまま2単語のみを単独で「サーラヴ」と使用すると「まあね」といった感じの返事になります。うやむやに答えておきたいときには威力を発揮する簡便なイディオムです。

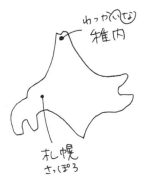

**応用コース 46**

# Do you want to listen to music?
（音楽でも聴くかい？）

× ドゥー ユー ウォント トゥー リッスン トゥ ミュージック？
○ ジュワナ レスナ ミューゼッ (c)？

　子音が消える法則の練習をもう少し続けてみましょう。

　中学英語でも「want to」は頻出の熟語ですね。実はこれにも変化が起こります。まず「t」が2つ重なっていますので一方は省略されます。つまり「wan'to」です。すると今度は「nt」が母音に挟まれることになりますね。もちろんこの場合も法則に従って「n」ではなく「t」が消え、「wan'o」となります。発音は「ワナ」です。

　結局「ウォント　トゥー」は、元とは似ても似つかぬ「ワナ」に行き着くわけです。英米では「want to」をわざわざ「wanna」と綴ることもあるくらい、この発音の変化は頻繁に起こります。こう考えると、例文のように相手の希望を聞くときの「Do you want to」が「ジュワナ」と発音されるのも不思議ではないでしょう。

　さてつぎに「listen to」の部分をよく見てみましょう。こちらにも同じことが言えますね。「nt」があります。つまり「t」が消えて「listen'o」です。発音は「レスナ」となります。

　ところで「listenという単語の中のtはなんで発音しないの」と学生時代に不思議に思った人もいるかと思いますが、これも「子音が消える法則」が当てはまります。つまり「st」の音比べは「s」のほうが圧倒的に強いですから自然と「t」が消

112

えて「lis'en」となりますね。きっと大昔はきちんと「レストゥン」と発音していたのだと思います。オーストラリアの一部ではいまでも「レストゥン」と発音しているそうです。他にも「often」でも似た現象が起きています。

さあ、70回繰り返してみましょう。

ところで「Do you want to 〜」という表現は、文字通り「〜したい？」と相手に希望を聞くよりも、むしろ例文のように「〜しようよ」と勧誘のニュアンスになります。

これにまつわる私のこんな失敗談があります。渡米して半年ほど経ったころです。クラシック音楽のコンサート会場で、隣の席の女性がきょろきょろしていました。「通路へ出たいのでしたら、席をどきましょうか」というつもりで、

× **Do you want to get out?**（ジュワナゲラウ？）出たいですか？

と聞いたのですが、あとから友人に「そんなこと言ったら『こんな退屈な所なんか抜け出して、いっしょに遊ぼうぜ』と下品な言葉でナンパしているのと同じだぜ」とたしなめられたことがあります。そう言われて思い返してみれば、あのときの女性のギョッとした顔は尋常ではありませんでした。

こんな場合の正しい対応は、何も言わないで相手の反応を待つことかもしれません。欧米では何か希望があったら自分から主張するという習慣が浸透していますので、必要以上にこちらから気を遣うことはないのです。そんな文化の違いが生んだ失敗談でした。

**応用コース 47**

# I am going to visit the United States.
(アメリカに行くつもりです)

× アイ アム ゴーイング トゥー ビジット ザ ユナイテッド ステイツ

〇 **アイムガナ ヴェゼタ ユナイレッステイツ**

　予定や意志を表す「be going to」。これも非常によく使われる表現です。ここにも大きな音変化が起こります。

　「going to」→「goin'to」→「goin'o」となって「ゴイナ」と発音されるところまでは、もう理解できますね。ところが、実際の発音はさらに簡略化が進みます。なんとgoin'oの「i」までが省略されてしまうのです。つまり「gon'o」です。結局、発音は「ガナ」（または「ゴナ」）となります。表記のうえでは「gonna」と綴られることもあります。

　例文ではvisit theの部分も「th」がリエゾンで飛んで「ヴェゼタ」となります。「タ」のところでは舌を噛みます。

　United Statesはここまで読んできた皆さんならもう簡単ですね。ラ行変化が生じますから「ユナイレッステイツ」です。二重母音「テイ」に気をつけてください。

　ところで「be going to」の原形「go to」のときはどう発音されるでしょうか。ここではtが母音で挟まれていますから、ラ行変化が起こります。つまり「ゴウル」。「I go to sleep」は「アイゴウルスリープ」となります。

　なお、日本語でいういわゆる「ゴール (goal)」は、「ゴール」ではなく「ゴウウ」と発音しますので「go to」と混同することのないように注意しましょう。

**応用コース 48**

# That is not what I meant.
(そんなつもりでは)

✕ ザット イズ ノット ホワット アイ メント
〇 **ダーツナーッワライメンッ**

つたない英語で話していると、相手に誤解を与えてしまう失敗も多々あると思います。そんなとき、この例文の表現を知っているのと知らないのとでは雲泥の差。言いたいことがうまく伝わっていなかったらすぐに例文のように、That is not what I meant.と言いましょう。

発音するときにはThat is notの部分を勢いよく「ダーツナーッ」と言います。これだけで相手は「何かおかしい」という状況をすぐに察してくれます。

what Iはラ行変化のリエゾンで「ワライ」ですね。

せっかくですから、逆の状況、つまり相手がこちらの言いたいことを察してくれたときの表現も覚えておきましょう。

〇 **That is what I want to say.** それが言いたかったの

発音はwant to = wannaを使ってずばり「ダーツワライワナセイ」。

さあ、70回繰り返してみましょう。

**応用コース 49**

# I don't feel like it.
（気乗りしないなあ）

- ✕ アイ ドント フィール ライク イット
- ◯ **アイドンフィーウライケッ**

　人づきあいが大切なのはなにも日本だけではありません。海外でも同じです。ちょっとした食事からホームパーティーなどなどさまざまな誘いを受けるでしょう。そうしたつきあいは楽しいものですが、でも、いつでもどこでも楽しめるわけではありませんね。そんなときには勇気をもって断りましょう。日本とは違ってそれだけで「つきあいの悪いヤツだ」などと思われることはありません。乗り気がしないときには断って大丈夫です。また、日本のように飲み会の席で酒を強引にすすめるようなシーンは欧米ではありえません。相手がイヤがることをしないというのが欧米人のモットーです。日本人の感覚で「つきあいだから」と嫌々ながらついていくと、欧米では逆に怒られてしまいます。「なんで初めにイヤだと言ってくれなかったのよ」と。つまり誘いを受けて「Yes」と言えば「Yes」であって、日本人のように「んで、本心はどうだろう」などと心を探りあうことは少ないのです。

　さて、断るときのもっとも一般的な表現は例文の、

　◯ **I don't feel like it.**

です。ぜひ覚えておきたい表現ですね。発音は「don't」のtが消えますので「ドン」、それから「feel」はlで終わりますから「フィーウ」。あとはitの音変化に注意しながら「アイドンフィーウライケッ」と言えばOKです。「フィ」の部分は下唇を噛みながら発音します。

もう1つの断りの表現は次のレッスンで学びましょう。

ところで、「feel like」は肯定文でもよく使われ、「〜な気分なの」という意味になります。たとえば、

○ **I feel like coffee.**

と言えば「コーヒーが飲みたい気分だな」となります。

また、名詞の代わりに動名詞（〜ing）を用いることもできて、そうすると「したいこと」を言い表すことができます。

○ **I feel like shopping.** 　ショッピングに行きたい気分なの

さあ、70回繰り返してみましょう。

応用コース **50**

# I am supposed to go see a doctor.

(病院に行くことになっているんだ)

× アイ アム サポーズド トゥー ゴー シー ア ドクター
○ **アイムサポウズタゴスィアダクトゥオ**

「〜することになっている」という表現は「be supposed to 〜」ですね。supposed toの部分はsuppose'toと省略されますので「サポウズタ」と発音します。

これは想像以上に使う機会が多い表現です。もっとも使われる場面は「あれ？ おかしいな」という場合でしょう。たとえば、

○ **The TV is supposed to be turned on.** TVの電源が入るはずなんだけど

○ **He is supposed to be here now.** 彼はもう来ているはずなのに

などと表現できます。

自分「I」が主語の場合もしばしばあります。たとえば例文ではこれからの予定を単に伝えるというよりも、話を切り上げたり、帰宅するきっかけを作ったり、または相手の勧誘をやんわりと退けるための表現になります。go see a doctorなどと具体的な理由が思い浮かばないときには、

○ **I have an appointment.** (アイハヴァナポインッメンッ) ちょっと予定が……

などと言えば上手な誘いの断り方になります。

もう1つの「I am supposed to」の使い方は話を切り出す

場合です。たとえば、今日上司と会合の予定だったけれども、いざ行ってみると上司は忙しそうに仕事をしている。そんなときには「I am supposed to meet you」と言えば「たしか今日伺う予定になっていましたが……」と柔らかな物腰になりますね。

なお例文の「go see a doctor」はgo and see a doctorが簡略化された表現です。「ゴスィアダクトゥオ」とひとくくりに覚えてしまいましょう。

さあ、70回繰り返してみましょう。

**応用コース 51**

# What is the next stop?
(次はどこに停まりますか？)

✕ ホワット イズ ザ ネクスト ストップ？
〇 **ワツダネクスタッ (p)？**

　海外では路線図がうまく読めなかったりして、バスや電車に乗っても自分が降りるべき駅がどこなのか不安になることもあるでしょう。そんなときには周囲の人に例文のように聞いてみましょう。stopとは停車駅の意味ですが、バスでも電車でも使えます。

　さてnextの発音記号は「nekst」ですが、このあとに「stop」が続くと、「nekst stop」となり「st」が２つ重なってきます。この場合は一方が省略されます。つまり「nek'stop」です。発音は「ネクスタッ」ですね。

　電車の場合は「station（駅）」という単語で代用できますが、この場合も同じことが起こります。「nek'station」となりますから「ネクステイシュン」ですね。

　さあ、70回繰り返してみましょう。

**応用コース 52**

# How long does it take?
(どのくらいかかりますか？)

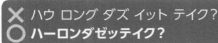

× ハウ ロング ダズ イット テイク？
○ ハーロンダゼッテイク？

クリーニングに洋服を預けたとき、修理を依頼したとき、ピザを注文したとき、「どのくらいで出来上がりますか」という質問はすべて、

○ **How long does it take?**

だけでこと足ります。

発音は「How long」がポイント。wもlも「ウ」に近い音ですね。そんなときは「w」を消して、単に「ハーロン」と言えばOKです。「ロ」は舌を噛んで発音します。

残りの部分「does it take」は「ダゼッテイク」。簡単なリエゾンとtの省略だけですから、もう皆さんには説明の必要はないですね。ともかく日常でしばしば使う表現ですので「ハーロンダゼッテイク？」とひとまとめで丸暗記しちゃいましょう。

ついでに応用編です。野菜や牛乳が「どのくらい日持ちするのか？」と賞味期限を聞く場合や、化粧品や乾電池が「何日くらい長持ちするか？」などと使用期間を聞きたいときには、

○ **How long does it last?**

と言います。lastは「持続する」という動詞ですね。発音は「ハーロンダゼッラースト？」です。lastは「ラースト」と伸ばすとよく通じます。たとえば「at last（ついに）」も「アッラースト」と発音しましょう。

さあ、70回繰り返してみましょう。

応用コース 53

# It is yours, isn't it?
(君のだよね？)

✗ イット イズ ユアーズ イズント イット？
○ **イツユオズイズネッ？**

　会話中にはしばしば相手に確認を求めるかのように最後に「isn't it?」と付けることがあります。日本語の語尾「ね？」「でしょ？」に相当します。

　isn't itの発音はsntが母音で挟まれていますから、例によってtの脱落が起こって「isn'it（イズネッ）」となります。「伊豆ね？」と発音すればよいでしょう。何か話したら文の最後に「伊豆ね」「伊豆ね」と付け加えていけば「ね？　ね？　でしょ？」と親しみやすい口調になります。

　ところでこの「伊豆ね？」メソッド、もちろん主文の動詞がisのときにしか使えませんので注意してください。つまり、

　○ **He goes fishing, doesn't he?**

　○ **You are Tom, aren't you?**

　○ **She left, didn't she?**

　○ **You won't come, will you?**

のように動詞に応じて使い分ける必要があります。

　そんなのめんどくさいと感じる人にはとっておきの表現があります。noやrightのような簡単な単語をシッポに使えばよいのです。

　○ **It is cold, right?**　寒いねえ

　○ **He is rich, no?**　ヤツは金持ちだよね

　さあ、70回繰り返してみましょう。

応用コース 54

# I have to do my best.
(がんばらなくっちゃ)

✕ アイ ハフトゥー ドゥー マイ ベスト
○ **アイハフタドゥマイベスッ**

have toの練習です。学校英語ではハヴ（have）の「ヴ」は濁らずに「ハフトゥー」と発音しましょうと習いましたね。でもホントは「ハフタ（ヘフタ）」と言ったほうがネイティブの発音に近いのです。同様に「has to」は「ハスタ」です。何度も繰り返して覚え直しましょう。

実際の会話では実践編初級コースでも習ったように、

I've got to ～（アイガーラ）（～しなければなりません）

を使っていけばhave toはあまり必要ないのですが、疑問文ではやはりhave toが便利。

○ **Do I have to?**（ドゥアイハフタ？） やんなきゃだめ？
○ **What do I have to do?**（ワルアイハフタドゥ？） 何をしないといけないの？

などと応用することができます。

ところで学校ではhave toの代わりに「must」が使えると習いましたが、実際にはmustの使用はできる限り避けるのが賢明です。たとえば「He must go」では「彼は行かねばならない」と同時に「彼は行くはずだ」という意味にもなりうるので、文脈のうえで誤解を生じる恐れがあるのです。

## 応用コース 55

# Have you been to Seattle?
（シアトルに行ったことはある？）

✕ ハブ ユー ビーン トゥ シアトル？
◯ **ハヴュベナセアロウ？**

「どこどこに行ったことある？」というのは友達との会話でよく出てきますね。「行ったことがある」は「have been to」です。どうしても日本人は「行った」という語感からgoを使って「have gone」と言ってしまいがちですが、この場合は「行ってしまって今はいない」という意味です。「赤い靴はいてた女の子♪」の童謡のように「異人さんに連れられて行っちゃった」という場合には「She has gone」でOKですが、単にそこに行った経験があるかどうかを聞くには「Have you been to 〜?」と言いましょう。

発音ですがbeenを「ビーン」と言うのはもうやめましょうね。これからは「ベン」です。さらに「been to」の場合は「ベンタ」でもよいのですが、ntの部分に変化が起こって「been'o」となり「ベナ」ときこえることも多いです。

つまり「〜に行ったことあるよ」は「I've been to 〜（アイヴベナ〜）」ですし、例文のように相手に質問したい場合には「Have you been to 〜?（ハヴュベナ〜？）」となります。簡単ですね。さあ、70回繰り返してみましょう。

ところで地名などの固有名詞はある程度慣れていないと聞き分けるのが難しいことが多々あります。例文に出てくるSeattleも初めて聞いたときには「せやろう？」となんだか関西弁で話されているように感じました。でも、よく聞けばそれはよく知っている地名「シアトル」だったのです。またトロン

ト出身の友人がTorontoを「トラーノ」と発音していたのにも戸惑った経験があります。私が住んでいた場所Manhattanもマンハッタンではなく、どちらかといえば「マンヘーッン」です（詳しくはp160を参照）。

その他のまぎらわしい地名をいくつか挙げておきます。

○ **Athens**（アーテンズ）　アテネ
○ **Atlanta**（アッレアーナ）　アトランタ
○ **Australia**（オーストレイリア）　オーストラリア
○ **Beijing**（ベイジェン）　北京
○ **Brazil**（ブラゼーウ）　ブラジル
○ **Brussels**（ブラーセウズ）　ブリュッセル
○ **Connecticut**（コネリカッ）　コネチカット
○ **Danube**（ダニュブ）　ドナウ川
○ **Florence**（フローレンス）　フィレンツェ
○ **Italy**（エラレ）　イタリア
○ **Munich**（ミュニク）　ミュンヘン
○ **Russia**（ラッシャ）　ロシア
○ **Singapore**（センガポア）　シンガポール
○ **Ukraine**（ユークレイン）　ウクライナ
○ **Vienna**（ヴィエナ）　ウィーン
○ **Zurich**（ズーリク）　チューリッヒ

人名についても同じことがいえます。

○ **Bach**（バーク）　バッハ
○ **Gogh**（ゴー）　ゴッホ
○ **Vermeer**（ヴオメオ）　フェルメール

## 応用コース 56

# I was able to swim.
(かつては泳げた)

✗ アイ ワズ エイブル トゥー スウィム
◯ **アイウォズエイボラスウィム**

「be able to」は「can」と同じですね。「〜ができる」という意味です。現在形ではどちらを使ってもよいのですが、過去形のときには「was able to」を使うようにして、couldは極力避けましょう。なぜならば、couldは仮定法過去の使い方もあって、たとえば例文を「I could swim」と言いかえたら「私だったら泳げるんだけどさ（君とは違ってね）」のようにチクリと皮肉が効いた感じになってしまいかねません。そんなわけで、あえて喧嘩を売るつもりがない場合は、

◯ **I was able to swim.**

と言うべきなのです。

発音ですがableとtoがリエゾンするときにtが脱落して「abl'o」となりますので「エイボラ」となります。また「unable to（できない）」の発音も同様にして「アネイボラ」です。

◯ **I was unable to swim.** かつては泳げなかった

の発音は「アイウォズアネイボラスウィム」となります。

able、unableのいずれの場合も、過去形で使用したら「いまは状況が違うんだけどね」というニュアンスが含まれてくることがわかるでしょうか。例文の場合は「かつては泳げた」＝「いまはもうできないけれど」あるいは「いまはできるかわからないけれど」となります。

これに似た表現に「used to 〜」があります。これは「か

つてはよく〜したものだ」という意味です。もちろん「いまはしないけれども」というニュアンスが含まれています。こうした表現は日常会話ではよく出てきます。

なお used to の発音は「ユースタ」です。例文の場合は

○**I used to swim.**（アイユースタスウィム）昔はよく泳いだなあ

となります。

さあ、70回繰り返してみましょう。

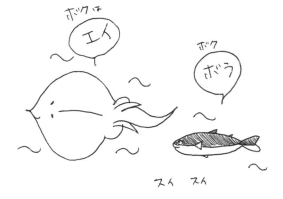

## 応用コース 57

# We had a lot of snow.
(たくさん雪が降った)

- ❌ ウィー ハド ア ロット オブ スノー
- ⭕ **ウィアダラーラスノウ**

　数量を表す表現を練習してみましょう。

　まず例文にある「a lot of（多くの）」ですが、これはリエゾンとラ行変化によって「アラーラ」という発音になります。「あらら、まあ」というほどすっかり変化しちゃいますね。あ、失礼しました。もとい。たとえばa lot of peopleは「アラーラピーポウ」と言います。

　a lot ofと同じ「多くの」という意味の熟語にはa plenty ofやa number ofやa bunch ofがあります。a plenty ofでは「nt」のtが飛びますので「アプレニョヴ」と発音されます。a number ofは「アナンバヴ」、a bunch of は「アバンチョヴ」です。

　一方、some ofは「いくらかの」という意味です。「サマヴ」と発音します。ただし実際には「ヴ」は省略されて、たとえば「some of the people（サマダピーポウ）」となることも多いようです。

　「none of」は「誰もいない」「何もない」という意味で「ナナヴ」と発音されます。「none of the people」は「ナナヴダピーポウ」ですね。「ナナダピーポウ」のように聞こえることもあります。

　さあ、70回繰り返してみましょう。

応用コース **58**

# I should have bought a brand new computer.
(新品のコンピュータを買っておけばよかった)

× アイ シュッド ハブ ボート ア ブランド ニュー コンピューター

○ **アイシュダヴ ボーラブレアンヌー コンピューロ**

　should haveは後悔などを表す表現です。「あぁ、あのとき〜しておけばよかったなあ」といった感じです。発音するときには「have」のhが飛んで「should'ave」となりますから「シュダヴ」です。

　さて、この例文にはたくさん練習すべき箇所が詰まっています。たとえば「bought a」。これはリエゾン&ラ行変化で「ボーラ」となります。「buy」という動詞はその性質上つぎにくる名詞（つまり買った商品）の冠詞は「the」ではなく「a」になることも多いでしょう。となれば「bought a（ボーラ）」を使う機会は相当に多いはずで、買い物したつぎの日の会話ではアイボーラ、アイボーラ（I bought a 〜）と連発することになるわけです。

　つぎの「brand new」は「新品の」という常套句でこれもよく使われます。brandの「d」が消えて「ブレアンヌー」と発音されます。

　最後のcomputerは「コンピューター」でなく「コンピューロ」または「カンピューロ」と発音しましょう。

　さあ、70回繰り返してみましょう。

**応用コース 59**

## You speak not only Japanese but also English.
(君は日本語だけでなく英語も話す)

✗ ユー スピーク ノット オンリー ジャパニーズ バット オールソー イングリッシュ

◯ **ユースピーク ナロンリージェァパニーズ バローウソウ エングレッシュ**

「not only A but also B」は「AだけでなくBも」という追加記述のときによく使う言葉です。これを「ノット　オンリー　～　バット　オールソー」などと発音しているようではダサダサで、おそらく通じないでしょう。そこで、ラ行変化を上手くつかって「ナロンリー　～　バローウソウ」と言います。

butのあとに母音がくるケースはよくあります。たとえば「but I ～」です。

「Excuse me, but I'm busy. (すみませんが、いま忙しいのです)」「I am sorry, but I can't. (すみませんが、できません)」などのように使われます。これも「バット　アイ」ではなく「バライ」と言いましょう。

さあ、70回繰り返してみましょう。

# PART IV
# 法則編

ケナイヘヴ
スムウウラ?

アカパカーフィ
ブリーズ

レンミー
ゲラスライス
トゥゴウ

ドゥヤヴ
コウク?

ケニュテイ
カワペクチョ?

ハルアイゲットゥ
トウキョウ
ステイシュン?

アイドン
フィーウ
ライケッ

イツユオズ
イズネッ?

アイウォズ
エイボラスウィム

ワッダ
フクスタッ
(p)?

ハーロンダ
ゼッテイク?

ダーツナーッ
ワライメンツ

ジュワナ
レスナ
ミューゼッ(t)?

ワルユーデン
カバウレッ?

実践編では、私の経験から編み出された「カタカナ発音の法則」を身近な例をもとに練習してきました。ここまで読んできた皆さんはもうずいぶんとこの新しい発音法に慣れたことと思います。でも「法則」という意味ではまだ完全には飲み込みきれていない人もいるかもしれません。

　この法則編では、カタカナ置き換えの規則についてひとつひとつ説明していきます。簡単なものから徐々に難易度を上げていきますので、繰り返し練習してぜひマスターしましょう。

　従来のアルファベット読みの英語に馴染んでしまった人には信じられないような法則もあるかもしれませんが、それぞれの法則はまず何より「通じる」ことが優先されています。もちろんパーフェクトなものではありません。しかし、これまでのカタカナ発音よりもはるかにマシであるとはいえます。これらの法則が実践で通用することは私自身がネイティブスピーカーと話してチェック済みです。

　法則編の前半の13項目は、いかに英語をカタカナに置き換えるかというレッスンです。これは本書の核ともなっている部分ですので必ず理解してください。実践編と同じように、登場した単語を少なくとも70回は声に出して練習してみましょう。

　後半の4項目は言い分けのコツです。ちょっぴり難しい英語独特の子音について説明します。できなくても気にしなくて結構です。知っておくと役立ちますので、気軽に挑戦してみてください。練習のコツは、まずゆっくりと読むことから始め、慣れてきたら少しずつスピードをあげていくことです。このとき単語のアクセントの位置にはくれぐれも注意してください。正確なアクセントを多少おおげさにつけることで、カタカナ英語はさらに威力を発揮します。

イラスト さかざきちはる

4コマ目は174ページへ→

法則 01

# 「最後のLはウ」の法則
### 例 beautiful

✕ ビューティフル ⇨ ◯ ビューレフォウ

英語では最後の子音の音がほとんど聞こえない場合が多いです。

単語の最後に「l」がきたときも同様。はっきりと「ル」と言ってしまっては別の単語に聞こえてしまいます。この場合もっとも適したカタカナをあてるとしたら「ウ」でしょう。ただし、はっきりと「ウ」と言いきらないのがコツ。軽く口をウの形にするだけで十分です。その「ウ」に引きずられて「l」の直前の母音は自然と「オ」になります。つまり「ビューレフウ」でなく「ビューレフォウ」。うまくできないという人は「ビューレフォー」とただ伸ばすだけでも十分に通じます。

**さあ練習してみましょう！**

| 単語 | いままでの発音 | これからの発音 |
|---|---|---|
| **able** [éibl／できる] | ✕ エイブル | ◯ **エイボウ** |
| **all** [ɔ́ːl／すべて] | ✕ オール | ◯ **オーウ** |
| **call** [kɔ́ːl／呼ぶ] | ✕ コール | ◯ **コーウ** |
| **circle** [sə́ːrkl／円] | ✕ サークル | ◯ **スオコウ** |
| **digital** [dídʒətl／デジタル] | ✕ デジタル | ◯ **デジェトウ** |
| **essential** [isénʃl／要点] | ✕ エッセンシャル | ◯ **エセンショウ** |

| 単語 | いままでの発音 | これからの発音 |
|---|---|---|
| **example** [igzǽmpl／例] | ✕ エグザンプル | ○ エグゼアンポウ |
| **feel** [fíːl／感じる] | ✕ フィール | ○ フィーウ |
| **global** [glóubl／全世界の] | ✕ グローバル | ○ グロウボウ |
| **hospital** [háspitl／病院] | ✕ ホスピタル | ○ ハスペロウ |
| **journal** [dʒə́ːrnl／日記、新聞] | ✕ ジャーナル | ○ ジュオノウ |
| **liberal** [líb(ə)rəl／自由主義者] | ✕ リベラル | ○ リベロウ |
| **miracle** [mírəkl／奇跡] | ✕ ミラクル | ○ メラコウ |
| **national** [nǽʃənl／国の] | ✕ ナショナル | ○ ネアシュノウ |
| **pencil** [pénsl／鉛筆] | ✕ ペンシル | ○ ペンソウ |
| **people** [píːpl／人々] | ✕ ピープル | ○ ピーポウ |
| **possible** [pásəbl／可能性がある] | ✕ ポシブル | ○ パセボウ |
| **small** [smɔ́ːl／小さい] | ✕ スモール | ○ スモーウ |
| **special** [spéʃl／特別な] | ✕ スペシャル | ○ スペショウ |
| **terminal** [tə́ːrm(ə)nl／終点] | ✕ ターミナル | ○ トゥオメノウ |
| **tunnel** [tʌ́nl／トンネル] | ✕ トンネル | ○ タノウ |
| **unbelievable** [ʌnbilíːvəbl／信じられない] | ✕ アンビリーバブル | ○ アンベレーヴァボウ |
| **wonderful** [wʌ́ndərfl／すばらしい] | ✕ ワンダフル | ○ ワンドフォウ |

法則 02

# 「Aはエア」の法則
例 animal

× アニマル ⇨ ○ エアネモウ

　発音記号「æ」の練習です。「ア」と「エ」の中間の音ですね。そう！　甘えた猫が「にゃ〜」と近づいてくるときのあの母音です。

　　　ニャー　→　ニャーネモウ　→　エアーネモウ

と言えれば完璧です。でも注意してほしいのは日本語の「ニャ」はアとイの中間音であって、猫が出すアとエの中間音「æ」ではないのです。違いがわかりますか？　もちろん、この本は「そんな発音なんてできないぞ」という人に向けて書かれた本です。ご安心を。なんとかカタカナに置き換えてみましょう。

　私がアメリカ人相手にいろいろと試した結果、「エア」と発声するのがもっとも通じやすいことがわかりました。ただし「エア」といっても、2文字にはっきり分けて発音しすぎてはいけません。エアと素早く発音します。できれば「エ」を短く、「ア」を長くして、「ェアーネモウ」とやれば、あなたも立派なネイティブ。友達に気軽に声を掛けるときの「やあ！」というスピード感覚ですね。というわけで、この法則は**「æ」にアクセントがくる単語**にとくに有効です。そうでないときには「ア」と言ってしまってOKです。

**さあ練習してみましょう！**

| 単語 | いままでの発音 | これからの発音 |
|---|---|---|
| **active** [æktiv／活動的な] | ✘ アクティブ | ◯ エアクテヴ |
| **and** [æn(d)／〜と] | ✘ アンド | ◯ エアン |
| **apple** [æpl／りんご] | ✘ アップル | ◯ エアーポウ |
| **campus** [kæmpəs／キャンパス] | ✘ キャンパス | ◯ ケアンペス |
| **example** [igzǽmpl／例] | ✘ エグザンプル | ◯ エグゼアンポウ |
| **family** [fǽm(ə)li／家族] | ✘ ファミリー | ◯ フェアメレ |
| **hand** [hǽnd／手] | ✘ ハンド | ◯ ヘアン (d) |
| **happy** [hǽpi／幸福な] | ✘ ハッピー | ◯ ヘアーピィ |
| **Japan** [dʒəpǽn／日本] | ✘ ジャパン | ◯ ジャペアン |
| **national** [nǽʃənl／国の] | ✘ ナショナル | ◯ ネアシュノウ |
| **natural** [nǽtʃ(ə)rəl／自然の] | ✘ ナチュラル | ◯ ネアテュロウ |
| **random** [rǽndəm／任意の] | ✘ ランダム | ◯ レアンドゥム |

さて、この「エア」の法則。残念ながら、あまりに短い単語に使うとちょっとかっこ悪い。bad（ベアード）、cat（ケアート）、fax（フェアークス）はさすがに言いにくいです。この場合はつぎのように練習してみましょう。

```
bear  →   bear + d  →   bad
care  →   care + t  →   cat
fair  →   fair + x  →   fax
```

法則 03

# 「IONはシュン」の法則
例 station

× ステーション ⇨ ○ ステイシュン

「ən」の発音。これが現れるときには、たいていその直前にアクセントがあります。ですから、この音自体はあまり強く発声されることはありません。「ション」と言うよりも「シュン」と言ったほうが自然に聞こえます。

なお「tion」の前にくる「a」は二重母音「エイ」ですから注意してください。「ステーシュン」でなくて「ステイシュン」です。

### さあ練習してみましょう！

| 単語 | いままでの発音 | これからの発音 |
|---|---|---|
| **action** [ǽkʃn／動作] | × アクション | ○ **エアク**シュン |
| **attention** [əténʃn／注意] | × アテンション | ○ ア**テン**シュン |
| **communication** [kəmjùːnikéiʃn／コミュニケーション] | × コミュニケーション | ○ カミュネ**ケイ**シュン |
| **condition** [kəndíʃn／状態] | × コンディション | ○ カン**デ**シュン |
| **dictionary** [díkʃəneri／辞書] | × ディクショナリー | ○ **デク**シュナレ |
| **discussion** [diskʌ́ʃn／議論] | × ディスカッション | ○ デス**カ**シュン |
| **education** [èdʒəkéiʃn／教育] | × エデュケーション | ○ エデュ**ケイ**シュン |

| 単語 | いままでの発音 | これからの発音 |
|---|---|---|
| **examination** [igzæmənéiʃn／試験] | ✗ エグザミネーション | ◯ **エグザメネイシュン** |
| **generation** [dʒènəréiʃən／世代] | ✗ ジェネレーション | ◯ **ジェネレイシュン** |
| **information** [ìnfərméiʃn／情報] | ✗ インフォメーション | ◯ **エンフォメイシュン** |
| **international** [ìntərnǽʃənl／国際的な] | ✗ インターナショナル | ◯ **エノネアシュノウ** |
| **mission** [míʃən／使命] | ✗ ミッション | ◯ **ミシュン** |
| **option** [ápʃən／選択] | ✗ オプション | ◯ **アプシュン** |
| **population** [pàpjuléiʃən／人口] | ✗ ポピュレーション | ◯ **パピュレイシュン** |
| **position** [pəzíʃən／ポジション] | ✗ ポジション | ◯ **パゼシュン** |
| **professional** [prəféʃnl／専門家] | ✗ プロフェッショナル | ◯ **プロフェシュノウ** |
| **question** [kwéstʃən／質問] | ✗ クエスチョン | ◯ **クエスチュン** |
| **section** [sékʃən／区分] | ✗ セクション | ◯ **セクシュン** |
| **selection** [silékʃən／選択] | ✗ セレクション | ◯ **セレクシュン** |
| **looking** [lúkiŋ／見ること] | ✗ ルッキング | ◯ **ルクン** |
| **something** [sÁmθiŋ／なにか] | ✗ サムシング | ◯ **サムトゥン** |
| **training** [tréiniŋ／訓練] | ✗ トレーニング | ◯ **トレイヌン** |

| 単語 | いままでの発音 | これからの発音 |
|---|---|---|
| **wedding**<br>[wédiŋ／結婚式] | ✕ ウェディング | ◯ **ウェドゥン** |

　英語の発音には「アクセント」というものがあります。アクセントをつけないと、いくら正しく発声してもなかなか通じません。逆にアクセントさえしっかりしていれば少しくらい発音が妙でも通じます。アクセントは日本語にはありませんので、コツがわからない人は、とりあえずアクセントが置かれている音を少し伸ばして強調してみましょう。

　　condition　　　　カンデーシュン
　　dictionary　　　　デークシュナレ
　　international　　エノネアーシュノウ

法則 04

# 「最後のTはッ」の法則
### 例 difficult

✗ ディフィカル<u>ト</u> ⇨ ○ デフェカウ<u>ッ</u>

単語の末尾に「t」や「d」や「c」がきたときには、私たちの耳にはほとんどその音は聞こえません。その傾向はイギリスよりもアメリカのほうが強いようです。とはいってもまったく音がないわけではありません。かすかに「t」などと入っているのです。もちろんこれを発音できる人だったら問題ないでしょうが、「そんなの無理さ」という人は、いっそ割り切って発音しないことにしましょう。かわりに小さな「ッ」を入れておけば、それなりに通じます。たとえば、驚いたときに日本語で「げっ！」と言えば「get」になるわけですね。

### さあ練習してみましょう！

| 単語 | いままでの発音 | これからの発音 |
|---|---|---|
| **accident** [ǽksəd(ə)nt／事故] | ✗ アクシデント | ○ エアクセデンッ (t) |
| **artist** [ɑ́ːrtist／芸術家] | ✗ アーティスト | ○ アーテスッ (t) |
| **assistant** [əsístənt／アシスタント] | ✗ アシスタント | ○ アセストゥンッ (t) |
| **cold** [kóuld／寒い] | ✗ コールド | ○ コーウッ (d) |
| **delicate** [délikət／繊細な] | ✗ デリケート | ○ デレケッ (t) |
| **different** [dífərənt／異なる] | ✗ ディファレント | ○ デフェレンッ (t) |

| 単語 | いままでの発音 | これからの発音 |
|---|---|---|
| **excellent** [éksələnt／優れた] | ✕ エクセレント | ◯ **エクセレンッ (t)** |
| **exit** [égzit／出口] | ✕ エグジット | ◯ **エグゼッ (t)** |
| **favorite** [féiv(ə)rit／お気に入り] | ✕ フェイバリット | ◯ **フェイヴァレッ (t)** |
| **great** [gréit／すごい] | ✕ グレイト | ◯ **グレイッ (t)** |
| **journalist** [dʒə́ːrnəlist／ジャーナリスト] | ✕ ジャーナリスト | ◯ **ジュオナレスッ (t)** |
| **period** [pí(ə)riəd／期間] | ✕ ピリオド | ◯ **ピュアレオッ (d)** |
| **picnic** [píknik／ピクニック] | ✕ ピクニック | ◯ **ペクネッ (c)** |
| **second** [sékənd／第2の] | ✕ セコンド | ◯ **セカンッ (d)** |
| **ticket** [tíkit／チケット] | ✕ チケット | ◯ **テケッ (t)** |

この法則は単語の途中にきても応用できます。

| 単語 | いままでの発音 | これからの発音 |
|---|---|---|
| **absolutely** [ǽbsəluːtli／絶対に] | ✕ アブソリュートリー | ◯ **アブサリュッリ** |
| **completely** [kəmplíːtli／完全に] | ✕ コンプリートリー | ◯ **コンプレーッリ** |
| **definitely** [défənitli／明確に] | ✕ デフィニートリー | ◯ **デフェネッリ** |
| **goddess** [gɑ́dis／女神] | ✕ ゴッデス | ◯ **ガッデス** |
| **hotcake** [hɑ́tkèik／ホットケーキ] | ✕ ホットケーキ | ◯ **ハッケイク** |
| **network** [nétwə̀ːrk／ネットワーク] | ✕ ネットワーク | ◯ **ネッウオク** |

| 単語 | いままでの発音 | これからの発音 |
|---|---|---|
| **partner** [páːrtnər／パートナー] | ✗ パートナー | ◯ **パーッヌオ** |
| **Scotland** [skátlənd／スコットランド] | ✗ スコットランド | ◯ **スカッランッ(d)** |

　単語の途中の場合は「ッ」の後に「ン」を軽く入れるとよりネイティブに近づきます。「ネッンウオク (network)」や「スカッンランッ (Scotland)」といった感じです。

法則 05

# 「ɔはア」の法則
例 coffee

❌ コーヒー ➡ ⭕ カーフィ

「ɔ」の発音は「ア」と「オ」の中間です。あくびをしたときの「ふおあぁ〜ムニャムニャムニャ」の「あ」の声ですね。学校で習うように「オ」と発音してしまってもまあよいのですが、日本語の「オ」はあまり口を大きく開けませんので、「ア」と言ったほうが正解に近いです。もちろん、口を「ア」の形にして「オ」と発声できればベストですが、できない人は潔く「ア」で通しましょう。

また「stop」や「hot」や「monkey」の例のように「o」はしばしば発音記号「ɑ」「ʌ」で発声されることがあります。この点からも「oはア」だと覚えてしまえば楽になりますね。というわけで「ɑ」「ʌ」「ɔ」の違いには英語初心者の私たちは目をつむっておきましょう。

### さあ練習してみましょう！

| 単語 | いままでの発音 | これからの発音 |
|---|---|---|
| **body** [bádi／体] | ❌ ボディー | ⭕ バディ |
| **dog** [dɔ́ːg／犬] | ❌ ドッグ | ⭕ ダーッ (g) |
| **hospital** [háspitl／病院] | ❌ ホスピタル | ⭕ ハスペロウ |
| **hot** [hát／熱い] | ❌ ホット | ⭕ ハーッ (t) |

| 単語 | いままでの発音 | これからの発音 |
|---|---|---|
| **impossible** [impásəbl／不可能な] | ✘ インポシブル | ○ **エンパセボウ** |
| **long** [lɔ́:ŋ／長い] | ✘ ロング | ○ **ラング** |
| **monkey** [mʌ́ŋki／猿] | ✘ モンキー | ○ **マンケ** |
| **not** [nát／～ない] | ✘ ノット | ○ **ナーッ (t)** |
| **o'clock** [əklák／～時] | ✘ オクロック | ○ **アクラーッ (k)** |
| **October** [aktóubər／10月] | ✘ オクトーバー | ○ **アクトウボ** |
| **office** [ɔ́:fis／オフィス] | ✘ オフィス | ○ **アフェス** |
| **olive** [áliv／オリーブ] | ✘ オリーブ | ○ **アリーヴ** |
| **orange** [ɔ́:rindʒ／オレンジ] | ✘ オレンジ | ○ **アレンジュ** |
| **pond** [pánd／池] | ✘ ポンド | ○ **パン (d)** |
| **shopping** [ʃápiŋ／買い物] | ✘ ショッピング | ○ **シャペン** |
| **stop** [stáp／止まる] | ✘ ストップ | ○ **スターッ (p)** |
| **topic** [tápik／話題] | ✘ トピック | ○ **タペッ (k)** |

法則 06

# 「I はエ」の法則
## 例 business

✗ ビジネス ⇨ ◯ ベゼネス

　ヘボン式表音だと「i」はどう見ても「イ」ですね。意外に思うかもしれませんが、実は英語には「イ」という音はありません。英米人は「イ」という発音ができないのです。「i」の音は日本語でいう「エ」に近い発音になります。多くの日本人はこの事実を知らずに「イ」と発声してしまいますが、これこそが日本人の英語が下手な理由の1つだと言われています。もちろん「エ」と明瞭に発音してしまっては、それはそれでまた正しい音とは違うのですが、しかしあえて「イ」か「エ」どちらかを選べと言われたら間違いなく「エ」です。

　できる人は「イ」の音をちょっとだけ混ぜて「エ」と発声してみましょう。できない人はそのまま「エ」で。

### さあ練習してみましょう！

| 単語 | いままでの発音 | これからの発音 |
|---|---|---|
| **active** [æktiv／活動的な] | ✗ アクティブ | ◯ **エアクテヴ** |
| **animal** [ǽnəməl／動物] | ✗ アニマル | ◯ **エアネモウ** |
| **bicycle** [báisikl／自転車] | ✗ バイシクル | ◯ **バイセコウ** |
| **Brazil** [brəzíl／ブラジル] | ✗ ブラジル | ◯ **ブラズェウ** |

| 単語 | いままでの発音 | これからの発音 |
|---|---|---|
| **city** [síti／都市] | ✕ シティー | ◯ **セレ** |
| **English** [íŋgliʃ／英語] | ✕ イングリッシュ | ◯ **エングレッシュ** |
| **evening** [íːvniŋ／夕方] | ✕ イーブニング | ◯ **エヴネン** |
| **family** [fǽm(ə)li／家族] | ✕ ファミリー | ◯ **フェアメレ** |
| **festival** [féstəvəl／祭り] | ✕ フェスティバル | ◯ **フェステヴォウ** |
| **film** [film／フィルム] | ✕ フィルム | ◯ **フェウム** |
| **finish** [fíniʃ／終わる] | ✕ フィニッシュ | ◯ **フェネシュ** |
| **foreign** [fɔ́ːrən／外国の] | ✕ フォーリン | ◯ **フォーレン** |
| **magazine** [mǽgəzíːn／雑誌] | ✕ マガジン | ◯ **マガズェーン** |
| **medicine** [médəsin／薬] | ✕ メディシン | ◯ **メデスン** |
| **morning** [mɔ́ːrniŋ／朝] | ✕ モーニング | ◯ **モーネン** |
| **pianist** [piǽnist／ピアニスト] | ✕ ピアニスト | ◯ **ペアネスッ (t)** |
| **picture** [píktʃər／絵、写真] | ✕ ピクチャー | ◯ **ペクチョ** |
| **serious** [síəriəs／真剣な] | ✕ シリアス | ◯ **セレアス** |
| **tennis** [ténis／テニス] | ✕ テニス | ◯ **テネス** |
| **trivia** [tríviə／つまらないこと] | ✕ トリビア | ◯ **トレヴェア** |
| **university** [jùːnəvə́ːrsəti／大学] | ✕ ユニバーシティー | ◯ **ユネヴオセリ** |

法則 07

# 「Tはラ行」の法則
例 capital

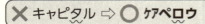

❌ キャピタル ⇨ ⭕ ケアペロウ

「t」の発音はしばしば「ラ行」に変化します。とくにそこにアクセントがなく、かつその前後が母音に挟まれたときはほとんどの場合「ラ行」になります。この場合の「ラ」は「la」でも「ra」でもありません。日本語の「ラ」にちょっとだけ「ダ」を混ぜて濁らせたような音になります。うまく言える人は「ケアペロ゛ウ」と言ってみましょう。もしできなければ、思いっきり「ケアペロウ」あるいは「ケアペドウ」と言っちゃって構いません。

### さあ練習してみましょう！

| 単語 | いままでの発音 | これからの発音 |
|---|---|---|
| **activity** [æktívəti／活動] | ❌ アクティビティー | ⭕ **アクテヴェレ** |
| **automatic** [ɔ̀:təmǽtik／自動の] | ❌ オートマチック | ⭕ **オーロメアレッ** |
| **battery** [bǽtəri／電池] | ❌ バッテリー | ⭕ **ベアレリ** |
| **bottle** [bátl／ビン] | ❌ ボトル | ⭕ **バロウ** |
| **charity** [tʃǽrəti／慈善] | ❌ チャリティー | ⭕ **チェアレリ** |
| **eighty** [éiti／80] | ❌ エイティー | ⭕ **エイリ** |
| **forty** [fɔ́:rti／40] | ❌ フォーティー | ⭕ **フォーリ** |

| 単語 | いままでの発音 | これからの発音 |
|---|---|---|
| **graduated** [grǽdʒuèitid／等級のある] | ✗ グラジュエイテッド | ○ **グラジュエイレッ** |
| **hospital** [háspitl／病院] | ✗ ホスピタル | ○ **ハスペロウ** |
| **Italy** [ítəli／イタリア] | ✗ イタリー | ○ **エラレ** |
| **later** [léitər／後ほど] | ✗ レイター | ○ **レイロ** |
| **motorcycle** [móutərsàikl／バイク] | ✗ モーターサイクル | ○ **モウロサイコウ** |
| **Peter** [píːtər／男性の名前] | ✗ ピーター | ○ **ピーラ** |
| **photo** [fóutou／写真] | ✗ フォト | ○ **フォウロッ** |
| **quality** [kwáləti／質] | ✗ クウォリティー | ○ **クウァレレ** |
| **quarter** [kwɔ́ːrtər／4分の1] | ✗ クオーター | ○ **クウァーラ** |
| **Saturday** [sǽtərdi／土曜日] | ✗ サタデイ | ○ **セアラデ** |
| **security** [sikjúrəti／安全] | ✗ セキュリティー | ○ **セキュレレ** |
| **thirty** [θə́ːrti／30] | ✗ サーティー | ○ **ターリ** |
| **tomato** [təméitou／トマト] | ✗ トマト | ○ **トメイロ** |

このラ行の法則。「d」にも応用が利きます。たとえばつぎのような例があります。

| 単語 | いままでの発音 | これからの発音 |
|---|---|---|
| **candle** [kǽndl／ろうそく] | ✗ キャンドル | ○ **ケアンロウ** |
| **middle** [mídl／中央] | ✗ ミドル | ○ **メロウ** |

法則 08

# 「USはエス」の法則
例 August

✗ オーガスト ⇨ ◯ オーゲスッ (t)

これは「ə」の発音。「us」というスペルにアクセントがないときはほぼ「ə」になります。これをはっきり「アス」と発声してしまうと違和感がありますね。そんなときは小さな声で「エス」とか「ウス」と言ったほうがネイティブに近いのです。「August」は「オーゲスッ (t)」または「オーグスッ (t)」ですね。

### さあ練習してみましょう！

| 単語 | いままでの発音 | これからの発音 |
|---|---|---|
| **bonus** [bóunəs／ボーナス] | ✗ ボーナス | ◯ **ボウネス** |
| **campus** [kǽmpəs／キャンパス] | ✗ キャンパス | ◯ **ケアンペス** |
| **consensus** [kənsénsəs／コンセンサス] | ✗ コンセンサス | ◯ **カンセンセス** |
| **famous** [féiməs／有名な] | ✗ フェイマス | ◯ **フェイメス** |
| **industry** [índəstri／産業] | ✗ インダストリー | ◯ **エンデストレ** |
| **Jesus** [dʒíːzəs／イエス] | ✗ ジーザス | ◯ **ジェーゼス** |
| **nervous** [nə́ːrvəs／神経質な] | ✗ ナーバス | ◯ **ヌオヴェス** |
| **suspect** [səspékt／疑う] | ✗ サスペクト | ◯ **セスペクト** |

| 単語 | いままでの発音 | これからの発音 |
|---|---|---|
| **virus** [váirəs／ウィルス] | ✕ ウィルス | ◯ **ヴァイレス** |

この法則は「 - an」「 - on」などにも応用できます。「エン」や「ウン」などと弱く発音しましょう。

| 単語 | いままでの発音 | これからの発音 |
|---|---|---|
| **American** [əmérikən／アメリカ人] | ✕ アメリカン | ◯ **アメレケン** |
| **Christian** [krístʃən／キリスト教徒] | ✕ クリスチャン | ◯ **クレスチュン** |
| **companion** [kəmpǽnjən／仲間] | ✕ コンパニオン | ◯ **カンペアネウン** |
| **environment** [enváirənmənt／環境] | ✕ エンバイロンメント | ◯ **エンヴァイレメン** |
| **guidance** [gáidns／手引き] | ✕ ガイダンス | ◯ **ガイドゥンス** |
| **human** [hjúːmən／人間] | ✕ ヒューマン | ◯ **ヒュームン** |
| **lion** [láiən／ライオン] | ✕ ライオン | ◯ **ラエウン** |
| **London** [líndən／ロンドン] | ✕ ロンドン | ◯ **ランドゥン** |
| **opinion** [əpínjən／意見] | ✕ オピニオン | ◯ **アペネウン** |
| **person** [pə́ːrsn／人] | ✕ パーソン | ◯ **プオスン** |
| **student** [stjúːdnt／学生] | ✕ スチューデント | ◯ **ステュードゥン (t)** |
| **union** [júːnjən／団結] | ✕ ユニオン | ◯ **ユネウン** |

法則 **09**

# 「アーはウオア」の法則
例 bird

× バード ⇨ ○ **ブオア**ド

「ə:r」の発音は日本人には難しいです。なにせ「エ」と「オ」と「ア」の中間の音なのですから。あえて説明するのなら、あまり口を開かないで、たとえば唇を「エ」の形にして、舌を引っ込めながら「オ」と「ア」の中間の音を発声すれば「ə:r」になります。うーん、やっぱり難しい。そんなときは潔くあきらめて、いつもどおりカタカナに置き換えてみましょう……と、景気よくいきたいのですが、ここはカタカナ英語の限界なのです。

もっともネイティブに近いのは「ウオア」と素早く言うことでしょう。「bird」は「**ブオア**ド」です。ちょっと無理がありますが、それでも最後のアを弱くして、「**ブオア**ド」のように発声すれば本物に近づきます。いずれにしても口を大きく開けすぎないように、恥じらいをもってしゃべってくださいね。

### さあ練習してみましょう！

| 単語 | いままでの発音 | これからの発音 |
|---|---|---|
| **church** [tʃə́:rtʃ／教会] | × チャーチ | ○ **チュオア**チ |
| **circle** [sə́:rkl／円] | × サークル | ○ **スオア**コウ |
| **early** [ə́:rli／早い] | × アーリー | ○ **ウオア**リ |

| 単語 | いままでの発音 | これからの発音 |
|---|---|---|
| **first** [fə́:rst／第1の] | ✕ ファースト | ○ **フォアスト** |
| **girl** [gə́:rl／女の子] | ✕ ガール | ○ **グオアウ** |
| **hamburger** [hǽmbə̀:rgər／ハンバーガー] | ✕ ハンバーガー | ○ **ヘアンブオアゴ** |
| **learn** [lə́:rn／学ぶ] | ✕ ラーン | ○ **ルオアン** |
| **service** [sə́:rvis／サービス] | ✕ サービス | ○ **スオアヴェス** |
| **term** [tə́:rm／期限] | ✕ ターム | ○ **トゥオアム** |
| **terminal** [tə́:rm(ə)nl／終点] | ✕ ターミナル | ○ **トゥオアメノウ** |
| **turn** [tə́:rn／回転] | ✕ ターン | ○ **トゥオアン** |
| **work** [wə́:rk／仕事] | ✕ ワーク | ○ **ウウォアク** |

「ウオア」だとカタカナが3つも連なって表記が見にくくなってしまうので、ほかのページではできる限り「ウオ」と書くことにしました。「オ」の部分は元は「r」ですから心持ち「ア」に近い発音を心がければOKです。実際には「スオコウ (circle)」「トゥオメノウ (terminal)」とベタに言っても通じますのでご安心を。

注:なお、この「ə:r」は「アオウ」または「アウ」としても通じます。たとえば、girlは「ガウウ」でも通じます。

法則 10

# 「最後のアーはオ」の法則
例 paper

✕ ペーパー ⇨ ○ ペイポ

　法則9と似ていますが「ə:r」ではなくて「ər」です。アクセントがないときには「ər」になりますので、こちらのほうが使う回数が多くなります。たとえば、単語が「- er」や「- or」のスペルで終わる場合はほとんど「ər」となります。しかも、ラッキーなことに先の「ə:r」よりも発音が楽なのです。これは「オ」または「ウオ」と言えばOKです。「paper」は「ペイ**ポ**」や「ペイ**プオ**」となります。あくまでアクセントがない部分の発音ですので、ささやくように優しく発声するのがコツです。

### さあ練習してみましょう！

| 単語 | いままでの発音 | これからの発音 |
| --- | --- | --- |
| **actor**<br>[æktər／俳優] | ✕ アクター | ○ **エアクト** |
| **chapter**<br>[tʃæptər／章] | ✕ チャプター | ○ **チェアプト** |
| **character**<br>[kǽriktər／個性] | ✕ キャラクター | ○ **ケアレクト** |
| **director**<br>[dirέktər／重役] | ✕ ディレクター | ○ **デレクト** |
| **doctor**<br>[dάktər／医師] | ✕ ドクター | ○ **ダクトゥオ** |
| **father**<br>[fάːðər／父] | ✕ ファーザー | ○ **ファーズオ** |

| 単語 | いままでの発音 | これからの発音 |
|---|---|---|
| **fiber** [fáibər／繊維] | ✗ ファイバー | ◯ **ファイボ** |
| **later** [léitər／後ほど] | ✗ レイター | ◯ **レイロ** |
| **member** [mémbər／メンバー] | ✗ メンバー | ◯ **メンボ** |
| **November** [nouvémbər／11月] | ✗ ノーベンバー | ◯ **ノウヴェンボ** |
| **number** [nʌ́mbər／数] | ✗ ナンバー | ◯ **ナンボ** |
| **percent** [pərsént／パーセント] | ✗ パーセント | ◯ **プオセンッ (t)** |
| **pitcher** [pítʃər／投手] | ✗ ピッチャー | ◯ **ピチュオ** |
| **player** [pléiər／選手] | ✗ プレイヤー | ◯ **プレイヨ** |
| **power** [páuər／力] | ✗ パワー | ◯ **パウウォ** |
| **reservation** [rèzərvéiʃn／予約] | ✗ リザベイション | ◯ **レゾヴェイシュン** |
| **river** [rívər／川] | ✗ リバー | ◯ **リヴォ** |
| **summer** [sʌ́mər／夏] | ✗ サマー | ◯ **サムオ** |
| **tower** [táuər／塔] | ✗ タワー | ◯ **タウオ** |
| **writer** [ráitər／書き手] | ✗ ライター | ◯ **ライロ** |

法則 **11**

# 「NTのTは消える」の法則
### 例 twenty

× トゥエンティー ⇨ ○ トゥウェニ

　法則11〜13は番外編のようなものですから、別にできなくても問題ありません。気軽にチャレンジしてみてください。

　単語の途中に「nt」が出てきたとき、「t」を発音しないことがあります。とくに前後が母音で挟まれているときによく起こります。この場合、発音上はまったく異なる単語に化けてしまうので、あらかじめどのように音が変化するかを知っていないと聞き取ることができません。私たちはまねする必要はありませんが、英会話をするうえではぜひとも知っておく必要のある変化です。実際、アメリカでは道案内板でもわざわざ「international」を「in'ernational」と書いていることもあります。

　ちなみに、テンポの遅い会話では「t」は消えません。「in'ernational」と言われてうまく聞き取れなかったときには「ゆっくり話していただけますか？（Would you speak slowly, please?）」と頼んでみましょう。元の姿の単語「international」に戻して言い直してくれますよ。

### さあ練習してみましょう！

| 単語 | いままでの発音 | これからの発音 |
|---|---|---|
| **counter**<br>[káuntər／対抗する] | × カウンター | ○ **キャウヌオ** |
| **dentist**<br>[déntist／歯科医師] | × デンティスト | ○ **デネスト** |

| 単語 | いままでの発音 | これからの発音 |
|---|---|---|
| **entertainment** [èntərtéinmənt／娯楽] | ✗ エンターテイメント | ○ **エヌオテイムン** |
| **gentleman** [dʒéntlmən／紳士] | ✗ ジェントルマン | ○ **ジェヌウムン** |
| **identity** [aidéntəti／アイデンティティ] | ✗ アイデンティティー | ○ **アイデネリ** |
| **interesting** [íntrəstiŋ／面白い] | ✗ インタレスティング | ○ **エナレステン** |
| **internet** [íntərnit／インターネット] | ✗ インターネット | ○ **エナネッ (t)** |
| **interval** [íntərvl／間隔] | ✗ インターバル | ○ **エナヴォウ** |
| **interview** [íntərvjùː／インタビュー] | ✗ インタビュー | ○ **エナヴューー** |
| **mental** [méntl／心理的な] | ✗ メンタル | ○ **メノウ** |
| **ninety** [náinti／90] | ✗ ナインティー | ○ **ナイニ** |
| **quantity** [kwántəti／量] | ✗ クウォンティティー | ○ **クウァネリ** |
| **rental** [réntl／賃貸の] | ✗ レンタル | ○ **レノウ** |
| **seventy** [sévnti／70] | ✗ セブンティー | ○ **セヴニ** |
| **winter** [wíntər／冬] | ✗ ウィンター | ○ **ウウィナ** |

 気づいた人もいるかと思いますが、この発音法では「winter」と「winner」の区別がなくなってしまいますね。前後の意味を聞き取ってどちらかを判断しましょう。ちなみに、こうした「tどろんぱ」の極めつけは「intercontinental」です。「インターコンチネンタル」ではなく、「エノカーニネーノウ」。3つも「t」が消えちゃいましたね。

法則 **12**

# 「WはダブルU」の法則
例 woman

× ウーマン ⇨ ○ ウウォムン

「w」の発音の練習です。「w」とは「ダブルユー (double u)」という名のとおり「uが2つ」という意味です。ですから、単なる「ウ (u)」1個の発音とは違います。「w」は日本語にはない音なので説明が難しいのですが、唇を丸くすぼめて突き出し、キスをするときのポーズをして「うぅ〜♡」と言います。さらにその後に口を**左右**に一気に開いて「ウォ」と言えれば完璧です。ちなみに日本語の「ヲ (ウォ)」は**上下**に口を広げますのでちょっと違います。

ともかくポイントは唇を大胆に突き出すことです。「恥ずかしくてできなーい」という人はただ「ウウォ」とやっただけでも本場の発音に近づきます。いずれにしても、この発音はあまり気にしなくても大丈夫です。なぜなら「ウーマン」と言っても通じるには通じるからです（ほかのページではほとんど「ウ」で通しています）。

### さあ練習してみましょう！

| 単語 | いままでの発音 | これからの発音 |
|---|---|---|
| **always**<br>[ɔ́ːlweiz／いつも] | × オールウェイズ | ○ **オーウウェゥズ** |
| **farewell**<br>[fèərwél／送別（会）] | × フェアウェル | ○ **フェオウウェゥ** |

| 単語 | いままでの発音 | これからの発音 |
|---|---|---|
| **microwave** [máikrəwèiv／電磁波] | ✗ マイクロウェイブ | ◯ **マイコウゥウェイヴ** |
| **power** [páuər／力] | ✗ パワー | ◯ **パウウォ** |
| **wait** [wéit／待つ] | ✗ ウェイト | ◯ **ウウェイッ (t)** |
| **watch** [wátʃ／腕時計] | ✗ ウォッチ | ◯ **ウウァッチ** |
| **water** [wɔ́:tər／水] | ✗ ウォーター | ◯ **ウウァラ** |
| **wear** [wéər／着る] | ✗ ウェアー | ◯ **ウウェア** |
| **wedding** [wédiŋ／結婚式] | ✗ ウェディング | ◯ **ウウェドゥン** |
| **weight** [wéit／重量] | ✗ ウェイト | ◯ **ウウェイッ (t)** |
| **wide** [wáid／幅の広い] | ✗ ワイド | ◯ **ウウァイド** |
| **will** [wíl／意志] | ✗ ウィル | ◯ **ウウィウ** |
| **window** [wíndou／窓] | ✗ ウィンドウ | ◯ **ウウィンドゥ** |
| **wolf** [wúlf／オオカミ] | ✗ ウルフ | ◯ **ウウォルフ** |
| **wonderful** [wʌ́ndərfəl／すばらしい] | ✗ ワンダフル | ◯ **ウウァンドフォウ** |
| **wood** [wúd／木] | ✗ ウッド | ◯ **ウウッ (d)** |
| **wool** [wúl／羊毛] | ✗ ウール | ◯ **ウウーウ** |
| **world** [wə́:rld／世界] | ✗ ワールド | ◯ **ウウォーウド** |

法則 **13**

# 「咜(タン)は鼻づまり」の法則
### 例 important

✕ インポータント ⇨ ○ エンポーッン

　これも英語独特の声の出し方です。発音記号「dn」「tən」「tn」では「d」「t」の音はほとんど消えてしまいます。このときは「ダン」「タン」はともに「ッン」になります。

　ただし、日本語の「ン」とはずいぶんと違っていて、舌で喉をふさいで、「んー」と声を出しつつ鼻から勢いよく息を出します。ほとんど爆発に近い音です。そう、ちょうど花粉症の人がはなをかむときのアレですね。でも「ちーん」でなく、恋人をフルときのように「ふんっ！」と思いっきりやりましょうね。

　できない人は法則8を適用して「トゥン」としてみましょう。「エンポートゥン」ですね。ともかく、間違っても「インポータント」とは言わないように。

### さあ練習してみましょう！

| 単語 | いままでの発音 | これからの発音 |
|---|---|---|
| **Britain** [brítn／英国] | ✕ ブリテン | ○ **ブリッン** |
| **button** [bʌ́tn／ボタン] | ✕ ボタン | ○ **バッン** |
| **carton** [káːrtn／箱の単位] | ✕ カートン | ○ **カーッン** |
| **certainly** [sə́ːrtnli／確実に] | ✕ サートンリー | ○ **スオッンリ** |

| 単語 | いままでの発音 | これからの発音 |
|---|---|---|
| **cotton** [kátn／綿] | ✕ コットン | ◯ **カッン** |
| **curtain** [kə́:rtn／カーテン] | ✕ カーテン | ◯ **クオッン** |
| **forgotten** [fərgátn／forgetの過去分詞] | ✕ フォーゴットン | ◯ **フォアガッン** |
| **garden** [gá:rdn／庭] | ✕ ガーデン | ◯ **ガーッン** |
| **golden** [góuld(ə)n／金の] | ✕ ゴールデン | ◯ **ゴーウッン** |
| **gotten** [gátn／getの過去分詞] | ✕ ゴットン | ◯ **ガッン** |
| **Jordan** [dʒɔ́:rdn／ヨルダン] | ✕ ジョーダン | ◯ **ジョーッン** |
| **kitten** [kítn／子猫] | ✕ キッテン | ◯ **キェッン** |
| **Manhattan** [mænhǽtn／マンハッタン] | ✕ マンハッタン | ◯ **マンヘアッン** |
| **mountain** [máuntn／山] | ✕ マウンテン | ◯ **マウンッン** |
| **pardon** [pá:rdn／許し] | ✕ パードン | ◯ **パーッン** |
| **rotten** [rátn／腐った] | ✕ ロッテン | ◯ **ラッン** |
| **suddenly** [sʌ́dnli／突然に] | ✕ サドンリー | ◯ **サッンリ** |
| **written** [rítn／writeの過去分詞] | ✕ リトゥン | ◯ **リッン** |

## 練習問題

13回のレッスンを通じて学んだカタカナ発音の法則。コツはつかめたでしょうか。ここでおさらいの意味を込めて練習問題にチャレンジしてみましょう。つぎの表の「これからの発音」の列を手で隠して、これまで習った法則を参考に、それぞれの単語をどのように発音するのかを考えてみましょう。

| 単語 | いままでの発音 | これからの発音 |
|---|---|---|
| **ability** [əbíləti／能力] | ✗ アビリティー | ◯ **アベレレ** |
| **actually** [ǽktʃuəli／実際は] | ✗ アクチュアリ | ◯ **エアクチュオリ** |
| **advantage** [ədvǽntidʒ／有利] | ✗ アドバンテージ | ◯ **アドヴェアーネィジ** |
| **apartment** [əpáːrtmənt／アパート] | ✗ アパートメント | ◯ **アパーッメン** |
| **Atlanta** [ætlǽntə／アトランタ] | ✗ アトランタ | ◯ **アトレアーナ** |
| **available** [əvéiləbl／利用できる] | ✗ アベイラブル | ◯ **アヴェイレボウ** |
| **battle** [bǽtl／戦い] | ✗ バトル | ◯ **ベアロウ** |
| **beginning** [bigíniŋ／始め] | ✗ ビギニング | ◯ **ベゲネン** |
| **better** [bétər／より良い] | ✗ ベター | ◯ **ベロ** |
| **Boston** [bɔ́ːstn／ボストン] | ✗ ボストン | ◯ **バスッン** |
| **California** [kæ̀ləfɔ́ːrnjə／カリフォルニア] | ✗ カリフォルニア | ◯ **ケアレフォーネオ** |

| 単語 | いままでの発音 | これからの発音 |
|---|---|---|
| **cigarette** [sigərét／タバコ] | ✕ シガレット | ○ **セゲレッ** |
| **circus** [sə́:rkəs／サーカス] | ✕ サーカス | ○ **スオケス** |
| **discount** [dískàunt／割引] | ✕ ディスカウント | ○ **デスカウン (t)** |
| **discussion** [diskʌ́ʃn／議論] | ✕ ディスカッション | ○ **デスカシュン** |
| **disgusting** [disgʌ́stiŋ／むかつくような] | ✕ ディスガスティング | ○ **デスガステン** |
| **economy** [ikánəmi／経済] | ✕ エコノミー | ○ **エカナメ** |
| **especially** [ispéʃəli／特に] | ✕ エスペシャリー | ○ **エスペショリ** |
| **excited** [iksáitid／興奮した] | ✕ エキサイテッド | ○ **エクサイレッ (d)** |
| **Gordon** [gɔ́:rdn／ゴードン] | ✕ ゴードン | ○ **ゴーゥン** |
| **holiday** [hálədèi／休日] | ✕ ホリデー | ○ **ハラデ** |
| **immigration** [iməgréiʃn／移住] | ✕ イミグレーション | ○ **エメグレイシュン** |
| **incredibly** [inkrédəbli／信じられないほど] | ✕ インクレジブリー | ○ **エンクレデブリ** |
| **lately** [léitli／最近] | ✕ レイトリー | ○ **レイッリ** |
| **little** [lítl／小さい] | ✕ リトル | ○ **リルウ** |
| **manager** [mǽnidʒər／支配人] | ✕ マネージャー | ○ **メアネズォ** |
| **million** [míljən／100万] | ✕ ミリオン | ○ **メレウン** |
| **official** [əfíʃl／公式の] | ✕ オフィシャル | ○ **アフェショウ** |

| 単語 | いままでの発音 | これからの発音 |
| --- | --- | --- |
| **opposite** [ɑ́pəzit／反対の] | ✘ オポジット | ○ **アポゼッ (t)** |
| **original** [ərídʒənl／原型] | ✘ オリジナル | ○ **アレジェノウ** |
| **personal** [pə́:rsnl／個人の] | ✘ パーソナル | ○ **プオスノウ** |
| **plenty** [plénti／多量] | ✘ プレンティー | ○ **プレネ** |
| **practical** [prǽktikl／実用的な] | ✘ プレクティカル | ○ **プレアクテコウ** |
| **pretty** [príti／かわいい] | ✘ プリティー | ○ **プレレ** |
| **prison** [prízn／刑務所] | ✘ プリゾン | ○ **プレズン** |
| **scared** [skéərd／おびえた] | ✘ スケアード | ○ **スケオー (d)** |
| **status** [stéitəs／地位] | ✘ ステータス | ○ **ステイレス** |
| **television** [téləviʒn／テレビ] | ✘ テレビジョン | ○ **テレヴェジュン** |
| **terrible** [térəbl／ひどい] | ✘ テリブル | ○ **テレボウ** |
| **welcome** [wélkəm／歓迎] | ✘ ウェルカム | ○ **ウウェウクム** |
| **yesterday** [jéstərdèi／昨日] | ✘ イエスタデイ | ○ **イェストデ** |

**補足 01**

# 「R」と「L」を言い分けてみよう

　最後に子音の発音練習を4つほどしてみましょう。いずれも日本語にはない子音です。

　日本人が「r」と「l」を区別できないのは世界でも有名な話です。よく教本に「何度もネイティブの発音を聞いて違いを覚えよう」などと書かれています。しかし、「意識改革編」でも書きましたように**日本人の脳はこれをうまく聞き分けることはできません**ので、そんな学習は完璧には不可能です。

　そこで聞き取りの向上はこの際あきらめて、せめてネイティブの発音に**少しでも**似せることを目標にしましょう。パーフェクトである必要などありません。ほんのちょっと気をつければいいのです。

　「r」と「l」の言い分け方について英語の教材にはいろいろと難しい方法が書いてありますが、つぎのようにやってみるのがもっとも楽ちんです。

**l：舌を歯で噛む**
**r：舌を口の中のどこにも触れない**

　もちろんこの説明は正確ではありません。でも、これで十分に通じます。

　たとえば「love」。「ラヴ」の「ラ」と言うときに、躊躇せずに上下の歯で舌を噛んでみましょう。どうですか？　簡単でしょう。

一方の「rice」。「ライス」の「ラ」と言うときに、舌は丸めて口の奥のほうにしまっておきましょうね。そうすれば舌がどこにも触らずに済みます。どうですか？ これも簡単ですね。こうすると私たちの耳にはときどき「ワイス」や「ハイス」のように聞こえてしまうかもしれませんが問題ありません。舌を丸めてさえいれば、英米人は「rice」とちゃんと聞き取ってくれます。

### さあ練習してみましょう！

| | | |
|---|---|---|
| **bloom**(ブルーム) | ⟷ | **broom**(ブルーム) |
| **blow**(ブロウ) | ⟷ | **brow**(ブラウ) |
| **blush**(ブラッシュ) | ⟷ | **brush**(ブラッシュ) |
| **clam**(クラム) | ⟷ | **cram**(クラム) |
| **clue**(クルー) | ⟷ | **crew**(クルー) |
| **daily**(デイリ) ⟷ **dairy**(デアリ) ⟷ **diary**(ダイアリ) | | |
| **lady**(レイディ) | ⟷ | **ready**(レディ) |
| **lap**(ラッ⟨p⟩) | ⟷ | **rap**(ラッ⟨p⟩) |
| **lead**(リード) | ⟷ | **read**(リード) |
| **lice**(ライス) | ⟷ | **rice**(ライス) |
| **light**(ライッ⟨t⟩) | ⟷ | **right**(ライッ⟨t⟩) |
| **load**(ロウド) | ⟷ | **road**(ロウド) |

| | | |
|---|---|---|
| **loan**(ロウン) | ⟷ | **roan**(ロウン) |
| **lock**(ラッ〈k〉) | ⟷ | **rock**(ラッ〈k〉) |
| **love**(ラヴ) | ⟷ | **rob**(ラブ) |
| **loyal**(ロイヨウ) | ⟷ | **royal**(ロイヨウ) |
| **plane**(プレイン) | ⟷ | **brain**(ブレイン) |
| **please**(プリーズ) | ⟷ | **freeze**(フリーズ) |

さらにつぎの単語にも挑戦してみましょう。

parallel(ペアラレウ)、really(レアレ)、relative(レラテヴ)、relation(レレイシュン)、relax(レレアクス)、relay(レレイ)、release(レリース)、replay(レプレイ)、reply(レプライ)

補足 **02**

# 「B」と「V」を
# 言い分けてみよう

「b」と「v」を言い分けるのはわりと簡単です。つぎのようにすればいいのです。

**b：日本語のバ行**
**v：下唇を噛む**

かつて「beer（ビール）」と「veal（子牛の肉）」は日本語では同じ発音になると言ったらアメリカ人の友人がひどく驚いていました。

「beer」は英語では「ビアー」ですね。この「ビ」は普通にビと発声してOKです。でも後半の「アー」の部分は「r」ですから、すでに練習したように、舌を奥のほうに引っ込めておきましょう。場合によっては「ビオ」と聞こえるかもしれませんがそれでOKです。法則10の「最後のアーはオ」から考えても「ビオ」と聞こえて正解なのです。さあ70回連続して練習してみましょう。「ビオ　ビオ　ビオ……」。

「veal」はカタカナでは「ヴィール」と書きますが、「ヴィ」のときに**下唇を噛みましょう**。下唇を大胆に噛んで「ビ」と言えば「ヴィ」になります。自分の耳にはどうしても「ビ」に聞こえてしまうかもしれませんが、英米人には「v」の発音に聞こえますので、音の違いがわからなくても平気です。ところで「ヴィール」の「ル」は「l」ですね。これも先ほど練習したように舌の先を歯で噛んじゃいましょう。そうすると、音として

は「ウ」に聞こえますね。それでOKです。でも「ウ」とはっきり声に出さずに舌を噛んで息だけの音にしておいたほうがベターです。

**さあ練習してみましょう！**

| | | |
|---|---|---|
| base(ベイス) | ⟷ | vase(ヴェイス) |
| berry(ベリィ) | ⟷ | very(ヴェリィ) |
| best(ベスト) | ⟷ | vest(ヴェスト) |
| boat(ボート) | ⟷ | vote(ヴォウト) |
| trouble(トラボウ) | ⟷ | travel(トレァヴェウ) |

さらにつぎの単語にも挑戦してみましょう。
bible（バイボウ）、viable（ヴァイオボウ）、valuable（ヴァリュオボウ）、valve（ヴァウヴ）、vegetable（ヴェジェロボウ）、visible（ヴェゼボウ）

そのほか「v」を使った重要な単語にはつぎのようなものがあります。
survival（ソヴァイヴォウ）、vehicle（ヴィエコウ）、venture（ヴェンチュオ）、victory（ヴェクトレ）、village（ヴェレジ）、visit（ヴェゼッ〈t〉）、vocal（ヴォウコウ）、volunteer（ヴァランティオ）

補足 03

# 「F」と「H」を言い分けてみよう

「f」の発音も日本語にはありません。日本語で「フ」と言ったら「h」の音に近いのです。ところが、英語では「h」よりも「f」のほうが使用頻度が高いので、私たちには、ちょっとやっかいな問題になります。ただし、言い分け方はそんなに難しくありません。つぎのようにしてみましょう。

**f：下唇を噛む**
**h：日本語のハ行**

「f」と「h」の違いは、ちょうど「v」と「b」の差に相当していますね。ただ音が濁らないだけのことです。というわけで、富士山は「fuji」ではなく「huji」であることがわかるでしょう。実際の「h」の発声は空気が喉で擦れる摩擦音がしますので、日本語の「ハ行」とはちょっぴり違いますが、その点は気にする必要はないでしょう。

たとえば「food」の場合、「フード」の「フ」は**下唇を噛んで**から強く「フ」と言います。一方の「hood」の「フード」では、喉から「フ」と強く空気を出しながら言ってみましょう。どうでしょう、できましたか？

どちらの場合も私たちの耳には「フード」に聞こえますが、英米人はちゃんと聞き分けてくれますので心配はいりません。

**さあ練習してみましょう！**

| | | |
|---|---|---|
| fair(フェオ) | ⟷ | hair(ヘオ) |
| fall(フォーウ) | ⟷ | hall(ホーウ) |
| fat(フェアッ⟨t⟩) | ⟷ | hat(ヘアッ⟨t⟩) |
| fate(フェイ⟨t⟩) | ⟷ | hate(ヘイ⟨t⟩) |
| feet(フィー⟨t⟩) | ⟷ | heat(ヒー⟨t⟩) |
| fight(ファイ⟨t⟩) | ⟷ | height(ハイ⟨t⟩) |
| fit(フィッ⟨t⟩) | ⟷ | hit(ヒッ⟨t⟩) |
| foul(ファウウ) | ⟷ | house(ハウス) |
| phone(フォウン) | ⟷ | horn(ホーン) |

さらにつぎの単語にも挑戦してみましょう。

faithful（フェイスフォウ）、fearful（フィアフォウ）、handful（ヘアンドフォウ）、harmful（ハームフォウ）

そのほか「f」を使った重要な単語にはつぎのようなものがあります。

face（フェイス）、factory（フェアクトレ）、fault（フォーウ⟨t⟩）、family（フェアメレ）、file（ファイウ）、find（ファイン⟨d⟩）、fish（フィッシュ）、fly（フライ）、foreign（フォーレン）、forget（フォアゲッ⟨t⟩）、free（フリー）、fresh（フレッシュ）、friend（フレン⟨d⟩）、from（フルム）、full（フウ）

**補足 04**

# 「TH」を発音してみよう

発音記号でいう「θ」と「ð」ですね。これも日本語にはない発音ですので私たちには難しいところです。日本人は「the」を「ザ」と書きますが、実際の音はどちらかといえば「ダ」に近いでしょう。お隣の韓国では「ダ」と表記しているようです。

もちろん、実際には「the」は「ダ」でも「ザ」でもありません。正確な発音方法を文章で説明するのはもちろん不可能ですが、ここは割り切って、

**th：タ行（ダ行）にして舌を噛む**

と覚えておきましょう。舌を噛みつつ「ダ」と言えば、英米人には「the」と聞こえます。「think」も「シンク」ではなく、舌を噛みつつ「チンク」と言えば通じます。

というわけで、「th」は「タ行」「ダ行」だと覚えなおして、発声するときには**舌を噛む**。それだけでOKです。

**さあ練習してみましょう！　今回は2段変化です。**

| | | | |
|---|---|---|---|
| **another** | アナザー | → アナダ | → アナðァ |
| **author** | オーサー | → オータ | → オーθァ |
| **bathroom** | バスルーム | → ベァトゥルーム | → ベァθルーム |

| | | | |
|---|---|---|---|
| **cathedral** | カセドラル | → カテードロウ | → カθェードロウ |
| **cloth** | クロース | → クロートゥ | → クローθ |
| **death** | デス | → デトゥ | → デθ |
| **earth** | アース | → ウオトゥ | → ウオθ |
| **health** | ヘルス | → ヘウトゥ | → ヘウθ |
| **leather** | レザー | → レダ | → レðァ |
| **month** | マンス | → マントゥ | → マンθ |
| **mouth** | マウス | → マウトゥ | → マウθ |
| **nothing** | ナッシング | → ナテン | → ナθェン |
| **Smith** | スミス | → スミトゥ | → スミθ |
| **southern** | サザン | → サヅン | → サðン |
| **thanks** | サンクス | → テァンクス | → θェアンクス |
| **theater** | シアター | → テアト | → θェアト |
| **thousand** | サウザンド | → タウズンッ | → θァウズンッ |
| **thread** | スレッド | → トゥレッド | → θレッド |
| **three** | スリー | → トゥリー | → θリー |
| **through** | スルー | → トゥルー | → θルー |
| **wealth** | ウェルス | → ウェウトゥ | → ウェウθ |
| **without** | ウィズアウト | → ウェダウト | → ウェðアウト |

うまくできるようになったら、つぎの単語の冒頭の発音を言い分けてみましょう。

ship（シップ）- sick（スィック）- tick（ティック）- chick（チック）- thick（θィック）

jeep（ジープ）- zeal（ズィーウ）- deal（ディーウ）- cheese（チーズ）- these（ðィーズ）

イラスト　さかざきちはる

# PART V 理論編

- 忌まわしきマグネット効果
- 若さが決め手
- 多言語を操るとき
- 人の心は言語から生まれる
- 効果的な勉強法とは
- 言語が生まれた歴史的瞬間
- おとなでも英語を習得できる
- バイリンガル脳の秘密
- 獲得すること、習得すること
- 言葉は声に出していなくても使っている

## 忌まわしきマグネット効果

　脳の聴覚回路に関する少し古い英語文献を調べていたら、興味深い一節が目に飛び込んできました。

　　　（略）多くの日本人がRとLの発音を区別できないのはよい例である[1]（略）

　この科学論説は日本人に向けて書かれたものではありません。日本人が著者だというわけでもありません。つまり、日本人のRとLの発音下手は[2]、一般的な〝たとえ話〟として挙げられてしまうくらい、世界的によく知られている事実なのです。

　では、なぜ私たちはRとLの聞き分けができないのでしょうか。理由はごく単純で、日本語にRとLに相当する発音がないからです。日常的にRとLの音に接する機会がない私たちは、これを区別する必要がないため、その能力を退化させてしまったのです。この例のように、母国語で使われない音は、母国語内のいずれかの発音に引き込まれてしまいます。これを「マグネット効果」と呼びます[3]。

　ちなみに韓国語を母国語とする人はザ・ジ・ズ・ゼ・ゾという「Z」の発音がうまくできません。日本語で「座布団をどうぞ」と言おうとすると、「じゃぶとんをどうじょ」と「J」の音になってしまいます。私たちには奇妙に聞こえますが、それと同じことが日本人のRとLで生じているわけです。

　脳の研究によれば、脳は外国語よりも母国語の音韻により強く反応することがわかっています[4]。つまり、マグネット効果は脳研究でも裏付けられているのです。

ここで注目したいのは、人の成長の過程で、いつマグネット効果が起きるかという疑問です。

　こんな実験結果があります。生後6ヵ月の赤ちゃんに、母国語が流れるスピーカーと、外国語が流れるスピーカーを用意して、2つの音声を聞かせます。すると、赤ちゃんが顔を向けて音に敏感に反応するのは母国語のほうであることがわかります[5]。つまり、生後6ヵ月にして早くも、母国語と外国語をきちんと聞き分け、母国語に興味を示すようになっているというわけです。

　面白いことに、こうした識別は音声への反応だけに見られるわけではありません。たとえば私たちは音声が聞こえなくても、話者の顔の表情や口元の動きだけで、それが母国語かどうか判別できます。実験によれば、4ヵ月齢の赤ちゃんもすでに母国語を話している無声ビデオをより長く眺めることがわかっています[6]。

　しかし、これらのデータは驚くには当たりません。というのも、最近の実験でさらに意外なことがわかったからです。脳測定器で生後2～5日という生まれたばかりの新生児の脳を調べたところ、この時期すでに正しい母国語と誤った母国語を聞いたときで左脳の反応が違っていたのです[7]。

　これはどう解釈すべきでしょうか。もちろん遺伝子に「誕生と同時に母国語を聞き分けなさい」と情報が刻まれているとは思えません。もしそうだとしたら生まれる国ごとに違った遺伝子が用意されている必要がありますから。この実験データを説明する仮説の1つとして「生まれる前から子宮の中で外界に飛び交う言葉を聞いていた」という可能性が考えられます。こうした研究はまだ現在進行中で、今後もっとはっきりした答えが

得られると思います。

ともあれ、生まれてきた赤ちゃんは、成長とともにだんだんとRとLを区別できなくなり、やがて判別能力をほぼ失ってしまうわけです。一説によれば生後12ヵ月ほどで言語を扱う脳回路はだいたい固定されるともいわれています[8−10]。

だからといって、満1歳をすぎたら、もうRとLの聞き分けは絶対に無理だというわけではありませんが、しだいに困難になるという事実は間違いありません。したがって、「言語を身につけるなら、なるべく早いほうがいい」という従来からの指摘[11]はそのとおりです。

## 若さが決め手

言語の早期獲得説を唱えたのは、大脳生理学の研究で大きな足跡を残したカナダの脳外科医ペンフィールドだといわれています[12]。

実は、彼自身は語学が苦手だったようです。ところが彼の2人の子どもたちは、あろうことか自分の苦手なドイツ語とフランス語を流暢に話しているのです。そこで2つの仮説を立てました。

仮説1　私よりも自分の子どもたちの頭脳のほうが優れている
仮説2　言語を学び始めるには若いときのほうがずっといい

ペンフィールドは「仮説1は私にとって腹立たしく、受け入れがたい。したがって仮説2が正しいと信じたい」と言ったそうです。

今となっては当然の結論に思われるかもしれませんが、これ

が大脳生理学的な見地から言語の習得能力について言及した最初だとされています。

　第二言語を学ぶなら、若ければ若いほどよく、おとなになってからでは、どうしても限界があります。

　もっともこれは、2ヵ国語を母国語として話す、つまり完璧なバイリンガルになりたいという場合の話であって、外国人とコミュニケーションをするためだけならば、何歳になってから語学を始めても少しも遅くはありません(13)。

　またペンフィールドは7歳までに数百の言葉を学習しておくと、後で流暢な外国語を話せるようになるとも指摘しています(14)。それ以降の年齢では、たとえ現地に渡って外国語に浸る生活を30年続けても、母国語由来の訛りは抜けないようです(15)。つまり、大脳生理学の見地からすると、7歳を超えてから学習を始めた場合、いくら努力をかさねても、本物のバイリンガルにはなれないというわけです。

　7歳というと小学1年生に相当する年齢です。ただ現実には、7歳までアメリカで暮らして、その後日本に帰ってきた場合、アメリカで覚えた英語は思いのほか早く忘れてしまいます。「9歳の壁」といわれるように、バイリンガルとして話せるようになるには、どうやら9歳前後までは外国語に囲まれて暮らさないと難しいようです。ただし、7歳で帰国した子どもたちも一見ふつうの日本人に戻ってはいますが、その後、上級生になって英語の勉強を始めたとき、日本で育った子どもよりも英語の上達が早いことも知られています。本人は英語を忘れたつもりでも、それは表面上のことで、幼少時のアメリカ生活で培った英語回路が脳にしっかりと刻まれているのでしょう。

## バイリンガル脳の秘密

　バイリンガルは日本ではまだ比較的珍しい存在かもしれません。しかし、世界に目をやると状況はだいぶ異なります。地球上には今6000以上の言語があるといわれています。それに対して国の数はわずか200程度です。つまり、国の数の30倍以上の言語が存在することになります[16]。これに対応して、世界の人口の約50％はバイリンガル、あるいはマルチリンガルです[17]。日本では多言語を操る人は例外的かもしれませんが、実のところ、地球上ではありふれた存在なのです[18]。

　では、バイリンガルといわれる人たちの脳は、そうでない人とくらべて、何か違いがあるのでしょうか。

　まず注目されるのは、バイリンガルでは下部前頭葉（文字どおり前頭葉の下に位置します）が発達していることです[19]。2つの母国語に習熟している人ほど、この部分の密度が高く、この領域にバイリンガルの秘密が隠されているのかもしれません。

　バイリンガルたちが2つの言語をどのように扱っているかは興味深い問題です。2つの仮説が提唱されています。同じ脳回路が2つの言語を扱っているとする「同一回路説」と、別々の脳回路が別々の言語を扱っているとする「独立回路説」です。どちらが正しいかまだ決着は付いていませんが、どちらかといえば独立回路説が優勢なようです。臨床の現場にこれを裏付ける症例があるからです。

　たとえば、脳損傷などで失語症になる場合、一方の言語だけが障害を受けることが現実にあります[20]。もし2つの言語を同一の脳回路で扱っているのなら、両方の言語が影響を受ける

はずです。このほか、両言語とも同程度に障害を受けたが、リハビリの過程で２つの言語の回復スピードが異なるケースも報告されています(21)。こうした事実から、やはり別々の脳回路が別々の言語を支配している可能性が高いわけです。

さらに最近では、脳測定の研究から、バイリンガルは一方の言語を操っているときに、もう一方の言語回路が働かないように抑圧されていることもわかってきました(22)。つまり、使用していない回路へのアクセスを遮断することで、両言語が脳内で混線してしまうのを避けているようなのです。

これは重要です。というのは、私自身はがんばって英語で話したり、あるいは英文を読んだりしても、ついつい頭の中で日本語に置き換えて考えてしまっているからです。つまり、これこそが「池谷裕二はバイリンガルではない」ことの証なのだと思うのです。真のバイリンガルは、英語を使っているときは脳内が完全に英語で占められていて、日本語の回路はシャットアウトされていると考えられるのです。

バイリンガルの脳活動に見られるもうひとつの差異は、島皮質という脳部分にあります。とくに左脳の島皮質が、バイリンガルとそうでない人では、活動パターンが違っています(23)。これは逆にいうと、島皮質の活動を測定すれば、その人が真にバイリンガルであるかを判定できるということにもなるわけです。ただし現時点では、なぜ下部前頭葉や島皮質に違いが現れるのか、詳しいことはわかっていません。

## 獲得すること、習得すること

では、私のようにバイリンガルからは程遠い平凡な脳はどう

なっているのでしょうか。

　まず重要なことは、日本人が日本語を使っているときと、アメリカ人が英語を使っているときで、それぞれ脳の働き方を調べるとはっきりと違いがあることです[24]。ともに母国語を操っているにもかかわらず、脳の活動が違うのです。日本語脳と英語脳といったらよいでしょうか。この理由としては、日本語と英語が持つ音韻や文法構造の違い、あるいは育った文化背景など、さまざまな原因が考えられます。

　この脳の差を利用することで、こんな実験を行うことができます。日本人が英語の文章を読んでいるときと、アメリカ人が英語の文章を読んでいるときで、それぞれ脳の働きを比較するのです。予想としては、どちらも英語を読んでいるわけですから、同じ英語回路が働くはずだと想定されます。ところが面白いことに、日本人は英語を読んでいても、日本語を読んでいるときと似た脳活動をしているのです。英語を使っていてもついつい日本語で考えてしまう私の脳癖は、まさに、この実験データによって裏付けられるわけです。

　なぜそんなことが起きるのでしょうか。理由の1つは、外国語を習得するとき、すでにある母国語の脳回路に新しい言語を取り込んでいくというプロセスを踏むからです。裏を返せば、私たちが英語を習う場合、なかなか日本語の影響から自由になることができないのは、このためだともいえます。「母国語あっての外国語」という回路構造になっているわけです。

　また、赤ちゃんのときからバイリンガルとして育てられた生粋のバイリンガルと、高校生以降に第二言語として英会話をマスターした人の脳回路をくらべると、両者に違いがあることがわかっています[25]。バイリンガルは異なる言語を話している

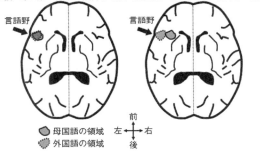

図1　バイリンガルとそうでない人の言語野の領域
(Kim KHS et al. Nature 388:171-174, 1997. より改変)

ときでも、それぞれ言語野の同じ脳領域が活動しますが、これに対して、高校生以降に第二言語を習得した人は、両言語で別々の領域が活動するのです（図1）。私はこのデータを次のように解釈しています。「バイリンガルは両言語の回路が独立作動するとはいえ、同じ領域内に収納されている分だけ効率がよい。一方、成長後に習得した人では、離れた脳部位が異なる言語を担当していて、母国語の言語野から外国語を遠隔操作している」。

ところで、いま「習得した人」と述べましたが、「習得する」は英語でlearnです。実は、赤ちゃんは英語を「習得する」わけではありません。こちらはacquire、すなわち「獲得する」といいます[26]。つまり、おとなになってから英語を覚えるのは「習得」で、赤ちゃんが自然に英語を身につけるのは「獲得」です。高校生以降で別々の領域が活動しているのは「習得された言語回路」、逆に、バイリンガルで同じ領域が活動しているのは「獲得された言語回路」ということができます。

それにしても、赤ちゃんの獲得能力には驚かされます。「習得」には必ず何らかの教師（たとえば先生や教科書など）が必要で、単語や文法を体系的に教えてもらわなくては習得できません。一方、「獲得」には教師は要りません。努力も要りません。ただ言語を聞くだけ、つまり曝露される（環境にさらされる）だけで内発的に獲得してゆきます。

　自然に言語を身につけてしまう乳幼児の能力のすごさを見ると、人類には国境や民族を超えて昔から受け継いできた普遍的な文法というものが確かに存在して（つまり、複雑な文法構造が先天的に脳内に用意されていて）、赤ちゃんは文法の空箱に放り込むように自然に母国語を吸収していくように思えます。これを「生成文法説」[27]と呼びますが、乳幼児の卓越した能力を見ると、この仮説には真実味があります。

　この意味で、巷によくある「赤ちゃんが学ぶように英語を自然に身に付けよう」という学習本は、間違った勉強スタイルだといえるでしょう。獲得するように習得することは不可能なのです。

　いずれにしても、真のバイリンガルになるかどうかは、あまり本人の意志とは関係なく、むしろ赤ちゃんの頃の生活環境（思い切った表現が許されるとすれば「乳幼児期の親の教育」）で決まってしまう部分が多いわけです。ですから、おとなになってから英会話の習熟をめざす人にあえて助言するとすれば「完璧な英語を話すことは端から諦めましょう」ということになります。言語はあくまでコミュニケーションのツールであると割り切ることが大切です。

## おとなでも英語を習得できる

 そんなおとなの脳ですが、実は、そう捨てたものでもありません。最近の脳研究によれば、おとなが初めての外国語を学んだ場合、たとえば短時間の授業を受けただけでも、脳が外国語に順応して的確な反応を見せ始めることがわかっています。

 それはこんな実験でわかりました。外国語を習得しようとしている受講生に、その外国語には実在しない「偽の単語」と実在する「本物の単語」を聞かせて、どちらが本物かを判断させます。受講生はまったくの初心者です。ですから、本物も偽物も初めて耳にする単語になります。ところが、外国語を学びはじめてまだ14時間しかたっていない人でも、すでに脳が正しく反応して本物か偽物かを区別しはじめているのです[28]。

 つまり、おとなの脳でも学べば学んだなりに、意外に早く脳に変化が現れるというわけです。これは心強いデータです。

 さらにこんなデータも報告されています。言語を司る脳部位である「言語野」は、多くの人は左半球にあります[29]。実際、言語野と左右の脳を結ぶ神経線維は左脳が発達しています。ところが面白いことに17.5％の人では、この連絡線維に左右差がないのだそうです[30]。そして左右差のない人は、言語の意味を想像したり、意味を連合記憶したりするのに長けている、つまり、言語学習の能力が高いことがわかりました。

 外国育ちでないのに言語習得が早い人がいます。こういう人は言語野を結ぶ神経線維に秘密があるのかもしれません。あるいは逆に、線維が両側性に発達したのは外国語をがんばって勉強したからなのかもしれません。原因か結果かについては、まだはっきりしたことはいえませんが、ともあれ言語習得の得

手・不得手は脳の器質的差異に帰着できる可能性があるわけです。そして、この個人差が遺伝子によって生まれながらに決まっている可能性さえあることも、念のため知っておく必要があります。

## 多言語を操るとき

　バイリンガルの脳で私がとくに興味をひかれるのは、バイリンガルたちがどうやって使う言語を瞬時に切り替えているか、その「脳内スイッチング」のメカニズムです。

　従来これについてはよくわかっていませんでしたが、新たに開発された優れた脳画像法を使用することで、スイッチングを担当している場所がつきとめられました[31]。それは、前頭葉の内側にある「線条体」と呼ばれるところにありました。バイリンガルは、この線条体を瞬間的に活性化させて、使うべき言語を切り替えていることがわかったのです。

　線条体は、神経科学の教科書には「手続き記憶の脳部位」として紹介されています。手続き記憶とは「方法」の記憶のことです。たとえば、ピアノの弾き方とか自転車の乗り方、テニスのラケットの振り方、スキーの滑り方など、体を使った「仕方」の記憶を司っているところです。方法の記憶の最大の特徴は、とりたてて強く意識しなくても「自然と体が滑らかに動く」ことにあります。実際、この線条体の機能が失われると、パーキンソン病のようにスムーズに動かなくなってしまう症状が現れます。

　バイリンガルの言語の切り替えを、体の動かし方を管轄する脳部位と同じ場所が担当している。これは意外であると同時

に、興味深い発見だと思いました。バイリンガルにとって、使う言語を自在に切り替えることは、ピアニストがごく自然に鍵盤を叩くように、無意識のうちにできてしまうことなのかもしれません。私のように日本語オンリーな人間には、バイリンガルが言語を切り替える瞬間がどんな感覚なのか、まったく想像もつきません。これはピアニストがどんな感覚で指を動かしているかを素人が想像できないのと同じことです。

逆にいえば、バイリンガルは「どうして池谷裕二が英語をうまく話せないのか」を想像できないのだと思います。上級者、つまり英語が流暢な人の書いた教科書のように学習することは、私にはなかなか難しいともいえるわけです。この意味で、本書は、英語に苦労した、いや、現在でも苦労している一人の日本人が書いたという点が特色だといってよいでしょう。

## 言葉は声に出していなくても使っている

言語を切り替えると簡単にいいますが、これは言語と脳の仕組みを考えると、なかなかすごいことです。なぜなら、すでに述べたように日本語と英語では言語を操っているときの脳の働き方が違うからです。これは、話している本人の心理の状態、つまり人格さえもが違うといってもよいくらいの差なのです。なぜなら、言語の役割は、単にコミュニケーションのツールに留まるものではないからです。たとえ声に出していなくても、心の中で想像したり、推測をしたり、予測したりするためのツールにもなっているのです。このようにして私的に使われる言語を「内的言語」と呼びます。

内的言語を使っているときの脳活動の様子をくらべても、や

はり、日本語と英語では違いがみられます。たとえば、次のような寸劇を利用した心理テストがあります。

——花子ちゃんは遊び終わった人形をカゴに片づけました。花子ちゃんが部屋から出て行くと、そこへ太郎くんが入ってきました。太郎くんはカゴの中にあった人形を取り出すと、それをクローゼットに移して出て行きました。花子ちゃんが戻ってきて、また人形遊びをしようとします——

そこで、寸劇を見ていた人たちに、「花子ちゃんはカゴを探すでしょうか、それともクローゼットを探すでしょうか」という質問をするのです。

答えはもちろん「カゴ」です。ところが解答中の脳を調べると、日本語を話す人と英語を話す人では脳の活動に違いがあることがわかりました[32]。どちらも前頭前野を使っていることに変わりはありませんが、前頭前野以外の脳領域の活動の様子が、日本人とアメリカ人では違うのです。

この結果から言語の重要な役割が窺えます。先ほどの実験は、言語を使っているときに英語と日本語で脳の活動が違うというデータでしたが、花子ちゃんのこの例では相手の立場になって考えているときのデータです。言葉は発していないにもかかわらず、どの言語を母国語にするかで脳の活動が違うというわけです。相手を思いやったり、雰囲気を察したり、将来を想像したりと抽象的な思考を巡らせるとき、知らず知らずのうちに母国語が判断に影響を及ぼしているのでしょう。

さらに面白い実験があります。ボーッとしているとき、あるいは物思いにふけっているときの脳活動を測定するのです。すると、こうした内省的な自己没入のときにも、言語野が活動することがわかります[33]。昔のできごとを思い出したり、これ

からしなければいけないことの計画を練ったりしているときも、声に出してはいないものの、しっかりと言語を活用しているわけです。

チンパンジーでも同じ実験が行われているのですが、ボーッとしているチンパンジーでは、人間とはまったく異なる脳部位が活動しています。言語野のような高次な脳部位ではなく（ちなみに、チンパンジーには言語野はありません）、もっと情動に深く関係する脳部位が働いていました。つまり、ただボーッとしているという意味では、チンパンジーも人間も外からは同じように見えますが、脳の働きはまったく違うのです。

私は、こうした知見から「言語を操る」という能力こそが人が人らしくあるための源泉になっていると考えています。もちろん、音波を操って他者にシグナルを送るという観点だけでいえば、小鳥が歌ったり、犬が吠えたりするという行為も広い意味でコミュニケーションです。しかし、言語を使って自己を心の内部スクリーンに投影できるのは人間だけだといってよいでしょう。ヒトの心においては、まさに文字通り、「はじめにロゴス（言葉）ありき」なのです。

## 人の心は言語から生まれる

文法について少し考察を深めてみましょう。言語は「単語」や「音韻」、「文法」、「内容」などさまざまな要素が有機的に集合して構成されています。異なる要素は異なる脳部位で処理されています（図2）[34]。

言語要素の中でも、とくに「文法」は、言語を言語たらしめる重要な特徴です。単語を並べただけでは正確な意味は生じま

せん。言語は「文法」というルールに則ってはじめて意味を持ちます。たとえば、

　　父が息子をほめた
　　息子が父をほめた

　この２つの文章では使われている単語はまったく同じです。しかし、語順を並べ変えただけで、すっかり意味が違っています。言語には文法が不可欠なのです。
　会話で使われる文法はこれよりもはるかに複雑です。こんな文章を考えてみましょう。

　　言語学者は、高校の国語教師が最近の若者は
　　敬語の使い方が下手であると嘆いているのは
　　不適切であると指摘している

　この文章には主語と述語が三重に組み込まれています。主語をＡ、述語をＢとすると、この構造は「ＡＡＡ・ＢＢＢ」となります。詳しく説明すれば、「言語学者は」「指摘している」という最外枠のＡ・Ｂに、「高校教師が」「嘆いている」と「若者は」「下手である」という２組のＡ・Ｂが組み込まれています。こうした入れ子構造を「再帰」といいます。
　再帰は言語ならではの表現方法です。どんなに訓練してもサルには再帰はできません。ＡとＢを「ＡＢ・ＡＢ・ＡＢ」と単純並列させることはサルでもできますが、再帰を創出することは人間にしかできません[35]。再帰を構築できることは、言語であることの必要条件です[36]。

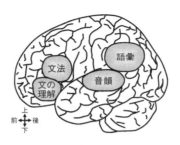

**図2　言語の構成要素を司る脳部位は異なる**
(Sakai KL. Science 310:815-819, 2005. より改変)

　再帰を形成することの意味について、さらに考察を進めましょう。たとえば再帰を使うことによって、先ほどの寸劇も「花子ちゃんは太郎くんが人形をクローゼットに移したことを知らない」という記述が可能になって、正解に到達できます。いや、実のところ、再帰文法を使わない限り花子ちゃんの立場になって考えることは不可能です。再帰構造は「他者の視点に立ってものごとを考える」ことの基礎となっているわけです。

　自己言及するためにも再帰が必要です。たとえば、自分が他人からどう見られているかを意識するときを考えてみましょう。「きっと彼氏に嫌われているんだわ」という心配ごとも、きちんと文法を整理してみれば「私は彼氏が私を嫌いだと感じている」という再帰になっています。再帰の形式を踏むことで、他人の目で自分を眺めることが可能になるわけです。

　もし自分を客観視できなかったら、化粧やお洒落はおろか、自分の癖や嫌な性格を修正することさえできません。さらにいえば、自分が人間であることすら知りえない、いや、そうした概念すら生まれないのだと思います。

　よりシンプルな再帰の例としては「数える」ことが挙げられ

ます。サルにも「数」の概念はあります。ただ、サルの場合は1, 2, 3, 4, 5を一連の「数列」として捉えるのではなく、各数字を独立に「丸暗記」しているようで、私たちが扱うところの「数字」とは思考パターンが異なります。

　人間は2を「1の次の数字」、つまり「1＋1」として認識します。3は「2の次の数字」、つまり「1の次の次の数字」＝「（1＋1）＋1」と、二重にカッコを繰り込んで理解しています。こんな具合に、たとえば6だったら

$$((((1+1)+1)+1)+1)+1=6$$

として無意識のうちに多重に再帰しているわけです。

　逆に、このように入れ子演算を永遠に続けてみることによって、私たちの心に「無限」という概念が生まれるわけです。

　幼い頃、初めて「無限」という概念に気づいたとき、不思議な感覚に襲われた経験は誰にでもあるでしょう。まっすぐにどこまでも歩いていったらどこに行くのだろうか、数字をずっと数え上げたらいくつまでいくだろうか、宇宙の果てはどうなっているのだろうか――。こうした疑問を初めて持ったときこそが、言語能力が発達し、再帰を自在に操ることができるようになった瞬間です。

　無限が理解できると、その逆の概念である「有限」の意味もまた理解できます。有限性は私たち人間にとって、とても大切な概念です。なぜなら、「地球の資源は有限である」「寿命には限りがある」といった事実に気づくことができるからです。

　たとえば、私は犬を飼っていますが、我が家の犬は「吾輩は犬であって、20年後には死んでいる運命にある」ことを自覚

しているようには到底思えません。こう考えていくと「自分が人類である（あるいは、ある種の動物である）こと」、そして「自分の命が有限であること」を明示的に認識しているのは、再帰可能な言語を操ることのできる人間だけだということが理解できます。

## 言語が生まれた歴史的瞬間

言語障害の研究から、言語の進化的発達についての重要な発見がありました。ある特定の遺伝子がダメになって失語症になってしまう家系があります。その遺伝子が同定されて話題になりました[37]。FOXP2という名の遺伝子で、言語遺伝子などとも呼ばれます。

もちろん、たった1個の遺伝子が不良になって言語障害が現れるからといって、逆にその遺伝子さえあれば言語の獲得には十分だということにはならないのですが、それでもFOXP2は興味を惹く遺伝子だと思います。

FOXP2は種間で保存されています。つまり、サルにもマウスにもあります。しかし人間だけにしかない特徴的なパーツがFOXP2に組み込まれているのです。その特徴とは全715個からなるアミノ酸配列のうち2つが異なることです。たった2つだけです。どうやらこの微妙な差が、言語獲得の重大な鍵を握っているようなのです。

遺伝子の変化率から計算すると、進化の長い歴史から見ればごくごく最近、つまり1万年から12万年前の間（どんなに古くても過去20万年以内）に、この遺伝子変化が起こって固定されたと算出できます。これは現代人が誕生すると同時、ある

いはそれ以降という浅い年代です。表現を換えれば、「やはり言語は人間にしかない」ということになるわけです。

ちなみに、FOXP2の変異による言語障害では、とくに子音の発音に強い影響が現れます。ですから、文法よりもむしろ、発声に必要な筋肉コントロールに関係があるのかもしれません。実際、チンパンジーは人間の声帯のように洗練された筋制御システムを持っていません。

## 効果的な勉強法とは

理論編の最後に、英語を習得するために書かれた本書にふさわしく、「効果的な勉強法」について科学的に考えてみたいと思います。

答えを急ぐ読者のために、まず結論を述べます。「効果的な勉強法は存在しません」。より厳密にいえば、いわゆる「効果的」な勉強は、実は効果的ではありません。

学習をするにあたって、ぜひ知ってほしい考え方があります。それは「学習における望ましい困難」です。この基本的なアイデアは、カリフォルニア大学のビョルク夫妻によって1992年に提唱されました[38]。私たちは「最小限の勉強量で最大の効果を出したい」や「自分にあった勉強法を知りたい」などと願う傾向があります。ビョルク夫妻はこうした姿勢を真っ向から否定しています。そして「学習はつらいほうが深く定着しやすい。楽に学んだことは、砂に書いた文字のようなものだ」と説きます。

たとえば、目で見て覚えるよりも、手で書いて覚えたほうが、記憶としてよく定着することは誰しもが経験しているはず

です(39)。手で書くほうが労力が多いからです。同様に、何度も繰り返し読む（再読）よりも、何度もテストを解く（想起する）ほうが、よく定着します(40)。再読よりも想起のほうが負荷が高いからです。

ところが、学生にアンケートを取ると、普段の勉強では「再読」、つまり教科書や参考書を繰り返し眺める勉強法に重点を置いていることがわかります(41)。再読は、何度も眺めて頭に叩き込むという「楽な勉強法」です。残念です。再読にはほとんど学習の効果がありません。

ワシントン大学のカレンダー博士らは、32人の大学生を相手に、テキストを1回読んだ場合と2回読んだ場合の成績を測定し、この事実を証明しました(42)。実験の結果、両者の成績に差がなかったのです。たしかに読んだ直後については、2回連続で読んだほうが一見理解が深まり、高得点を叩き出します。しかし、その効果は一時的で、長期的な定着率は再読回数には無関与でした。

「再読に効果がない」というこの結果は、直感に反するように思えますが、実は、それほど不思議なことではありません。たとえば、1円玉のイラストを描くことができるでしょうか。正確に描くのは難しいはずです(43)。日常的に何度も眺めているのに、記憶として定着していないのです。

同様に、消火器やAEDの場所についてはどうでしょうか。自宅から最も近くにある設置場所を知っているでしょうか。これは間違いなく「覚えておくべき知識」ですし、しかも、赤ラベルで掲示されていて目に付きます。ところがアンケートの結果、正確に覚えている人はわずか24％でした(44)。こうした例からも明らかです。繰り返し眺めることに学習を促進する効果

はないのです。

　いや、再読は効果がないどころか、悪しき側面も幾つかあります。まず、時間がかかることです。単に時間の無駄遣いというだけでなく、時間を費やしたという事実だけで「勉強した気分」に浸ってしまう点が問題です。再読は当人の充足感だけは抜群なのです。

　さらに、読み慣れることで「内容を理解した」という錯覚をもたらしてしまいます。再読すればするほど、スラスラと読むことができるようになりますから、わかった気分になるのです。これも落とし穴です。

　スムーズに学習できるとわかったような気がします。この心理が落とし穴となります。私たちは「今わかることはその後もいつでも思い出せる」と思い込む傾向があります。いわゆる「流暢性の幻想」です[45]。「試験勉強の段階では理解していたのに、テスト本番では成績が悪かった」という人のほとんどは、再読の罠に引っ掛かっています。

　――大切な箇所に線を引く、付箋を貼る、テキストを書き写す、まとめを見直す。こうした方法は受け身の勉強なので、理解を深める効果はありません。むしろ、その場ですぐに思い出すことができると、あとでまた思い出せると感じてしまうため逆効果です。

　ビョルク夫妻の言葉を思い出してください。「楽な勉強法」に効果はありません。しばしば歓迎される「自分に合った勉強法」も単なる幻想にすぎません。そもそも「自分に合っている」の意味は「自分にとって無理なくスラスラと覚えられる」ということですから、禁じ手である「楽な勉強法」に相当するわけです。

学習には長い鍛錬が欠かせません。効率的な方法を模索しはじめた時点で敗者確定です。カタカナ英語は、英語が苦手な人には「手軽な方法」に思えますが、本気で勉強しようと考えたら、1日70回の練習を何日も繰り返す必要があります。カタカナ英語の習得は、これまでに自分の脳に蓄えてきた「常識」を壊す行為ですから、そのくらいの覚悟は必要です。ぜひめげずにがんばってください。

　ただ、こうした「根性論」だけを主張して読者を放置するのは、あまりに無責任です。ここではひとつ、勉強のコツをお教えしましょう。交互学習という方法です。効果的な勉強法とは違います。あくまでも記憶をより深く定着することができる勉強法です。

　南フロリダ大学のローラー博士らの研究を例に紹介しましょう[46]。博士らは80人の学生に対し、立体図形の体積を求める学習をさせました。円錐台形や楕円球、斜円柱など様々な公式を覚え、それを応用しながら立体体積を算出する訓練です。

　この訓練では、学生を2つのグループに分けて、異なった勉強法を採らせました。ひとつは、特定の立体図形の問題をまとめて練習し、その後に、また別の立体図形をまとめて練習する順次的な勉強法で、「ブロック学習」と呼ばれる方法です。学校で採用されている算数ドリルなどは、ページ毎に特定の項目を集中訓練するデザインになっていますから、典型的なブロック学習です。

　もうひとつは、1問ごとに形式を変える方法です。異なる図形の問題が毎回順不同に出題され、ひたすら練習してゆきます。このように問題をシャッフルする方法は「交互学習」と呼

ばれます。

 さて、どちらの勉強法が、成績がよかったでしょうか。訓練1週間後にテストすると、ブロック学習法で勉強したグループは平均20点だったのに対し、交互学習法のグループは平均63点を叩きだしました。なんと約3倍もの点差がついたのです。

 しかし、そう話は単純ではありません。なぜなら訓練の直後に習得度を測定すると、ブロック学習法では89点、交互学習法では60点だったからです。つまり、即効力はブロック学習法のほうが高かったのです。

 実際、参加者にアンケートをとると、ブロック学習法のほうが「よく理解できた」「記憶に残りそう」と高評価を得ました。つまり交互学習法は、当人の感覚としては、苦労や面倒が多く、情報も混乱しがちなため満足度は低いのです。しかし、長期的に見れば交互学習のほうが習得率は高くなります。これこそがビョルク夫妻の唱える「学習における望ましい困難」の真髄です。

 かわいい脳には旅をさせよ——つい即効性のある安易な学習法に飛びつきたくなりますが、すぐに効果が現れなくとも、じっくりと熟成させる勉強法こそが、最終的には有効なのです。

 そして最後にもうひとつ。勉学において陥りやすい「潜在性の錯覚」という心理を紹介しておきます。これは「自分の能力は容易に伸ばすことができる」と勘違いする心理的傾向のことです[47]。つい「脳トレ」まがいの商品に手を出すのが典型的な例です。能力を伸ばすためには長期的な鍛錬が必要なはずですが、その真理を忘れ、「もしかしたら即効性があるかもしれない」という甘えた願いが顔を出し、釣り文句に乗せられてし

まうのです。ノウハウ書や成功談を読むのも同じことです。こうした書物にまったく効果がないとは言いませんが、しかし、読むだけで能力を伸ばすことができると期待するのは間違った姿勢です。

　潜在性の錯覚は、別の視点から見れば、「やればできるという勘違い」だとも言えます。これも勉学の天敵です。なぜならば、やればできるという慢心は「だから今やる必要はない」という判断につながるからです。結局、「いつかやるさ」と先延ばしにします。当然ながら周囲との差が広がるばかりです。気づけば、今さらやっても追いつかないという状況になるでしょう。しかし、「もう追いつかない」という事実を露わにしたくはありません。「やればできる」というプライドが崩れるからです。となれば、最善の対処は、やらない姿勢を貫くことです。やらなければ「やってもできない」という事実を露呈せずに済みます。安全な方策です。当然、行き着く先は「落ちこぼれ」です。

　そうなってしまっては手遅れです。カタカナ英語の習得も、どうかめげずにがんばってください。継続できる人のみに「学びの実り」を手にする権利が与えられます。

理論編の参考文献は212ページに掲載しています。

# おわりに

## ●英語学習の2つの定理

　いま皆さんはこの本を練習し終わったところだと思います。最後にもう一度、この本の位置づけと、英語を学習することの意義を考え直してみましょう。

　そもそも、なぜ私がこの本を書こうと思い至ったのでしょうか。私は英語の教師でもなければ、英語のための特別な教育を受けてきたわけでもありません。しかし、私は英語について、とりわけ英語の発音について真剣に考えてきたと自負しています。その成果を私だけに留めておくのはもったいないと感じるようになりました。多くの人との会話を通じて、他の日本人も多かれ少なかれ、同じような問題を抱えて悩んでいるのだと実感したからです。

　学校英語しか習ってこなかった人は、この本を読む前と後とで、英語に対する印象が大きく変わったことでしょう。と同時に実践的な会話力が格段に進歩したはずです。しかし、その進歩で満足してはいけません。それは将来のさらなる進歩へ向けてのほんの一歩にすぎないのですから。

　何かを習得するためには頭を柔軟に保っておく必要があります。この本は「脳の柔軟剤」です。「なあんだ、英語って意外と簡単に発音できるのかも」と、少しでもそう思っていただけたならば、この本はすでにもう役目を終えたと私は考えています。これから実際に脳内革命を引き起こせられるかどうかは、皆さんご自身の努力にかかっています。

　そんな皆さんの幸運を祈りつつ、最後に2つほど英語学習の

「定理」を記しておきます。ここでは理系バカの私らしくそれぞれを、

1．非線形習得の定理
2．言語能転位の定理

と名づけてみたいと思います。

## ●非線形習得の定理

　英会話の勉強を始めても、また海外で生活を始めても初めのうちは目に見える進歩がなく、相手が何を言っているかさえ理解できないような悶々とした日々が続いたけれど「あるとき突然理解できるようになった」という経験談を皆さんも聞いたことがあると思います。残念ながら私自身にはこれという決定的瞬間はなかったのですが、たしかにふと気づくと、以前よりはすんなり聞き取れるようになっている自分がいたという経験はしています。

　このように能力があるとき急速に上昇する現象をここでは「非線形習得」と呼びましょう。非線形とは「比例しない」という意味です。つまり時間と能力は比例しないということです。

　ところで能力とは、本当に時間に比例しないで、あるとき突然に開拓されるものなのでしょうか。正直に申し上げれば私はそうは考えてはいません。おそらく実際には、時間と共に少しずつ聞き取れるようになっているのだと思います。たとえばつぎの英文を聞き取ることを考えてみましょう。

The man who* I saw at the park yesterday is your father, isn't he?

(私が昨日公園で会ったのは君のお父さんだよね？)

＊whoは文法上正しくはwhomですが、whomという単語は大統領の演説などのように堅苦しい場面でしか使われず、口語ではふつうwhoを使います。

英語を習いたてで、この文の単語が１つも聞き取れなかったら、もちろん相手が何を言っているのかさっぱりわかりません。とはいえ語尾の口調が上がっているので「疑問文かな？」くらいはわかるでしょう。英語の勉強を始めたばかりは、まあそんなものです。でも、そのうちに耳が英語に慣れてくると少しずつ単語が聞き取れるようになります。たとえば、ようやく１つ単語がわかったとします。

The man who I saw at the park **yesterday** is your father, isn't he?

おお！　yesterdayが聞き取れました。笑ってはいけません。これでもまったく聞き取れなかった以前に比べれば格段の進歩なのです。０個と１個では大違いですから。ただしこの段階ではまだ意味はわかりません。ではもっと進歩して、２つ聞き取れたとしたらどうでしょう。

The man who I saw at the park **yesterday** is your father, isn't he?

まあたいていはこんな単語から聞き取れるようになります。「昨日」「お父さん」……。うーん、でもまだ何が言いたいのかわかりませんね。こうして奮闘の日々は続きます。

The man who I saw at the park yesterday is your father, isn't he?

↓

The **man** who I saw at the park **yesterday** is **your father**, isn't he?

↓

The **man** who I **saw** at the park **yesterday** is **your father**, isn't he?

英語を勉強していくとこんな具合に少しずつ単語が聞き取れるようになります。これはある日突然に聞き取れる単語数が増えるというよりも、徐々に増えていくといった感じです。ただし、ここまで上達しても「男、見た、昨日、君のお父さん」の疑問文ですから、なんとなく意味はわかるような気はするけれど、まだまだ正確には質問を把握していません。

The **man** who I **saw** at the park **yesterday** is **your father**, isn't he?

↓

The **man** who I **saw** at the **park** **yesterday** is **your father**, isn't he?

ふう。ようやくここまできました。このくらい聞き取れるようになれば、ようやく相手が何を聞きたいのかを正確に想像できます。

　勘のよい方でしたらもう私の言いたいことがわかってもらえたかと思います。そうなのです。聞き取りの能力が確実に進歩しても、英文が全体として理解できるようになるまでには、ある一定の壁があるのです。この例からも明らかなように、最後の数ステップに到達しない限り会話が成り立ちません。

　逆にいえば、このステップまできて急に会話能力が確立されるわけです。「あるときに急に聞けるようになった」と人はよく言いますが、それはおそらく聞き取れるようになったのではなく、意味がわかるようになったというニュアンスだと思います。そうした観点から私は「非線形習得の定理」を提唱しているのです。

　実際に私がいろいろな例文を使ってランダム・シミュレーションしてみたところ、文中の約30％の単語が聞き取れても文の意味を推測できるケースは2割程度にも満たなかったのですが、60％まで聞き取れるとその確率は9割近くまで上昇することがわかりました。

　でも疑問に感じた人もいるかもしれません。「まだ聞き取ってないではないか。theやatやisが残っている」と。割り切っていえば、じつは、これらは聞き取らなくてもよい単語なのです。実際に、会話の中では、冠詞や前置詞はとても弱く発音されるので正確に聞き取るのは困難です。最近の研究から「こうした細部までを完璧に聞き取るのはネイティブでない限りほぼ不可能である」と主張する言語学者もいます。

　つまり、私たちは細部にこだわることなく、相手が何を言い

たいのかを適切に想像できるようになりさえすればよいわけで、聞き取りは完璧である必要はないのです。その意味では気楽に学習することが大切ですし、また、皆さんがまだ「非線形習得」のステップの中途にいるのでしたら、現状を嘆く必要はまったくないわけです。その努力を続ければ、あるときにふと「あれ？ 理解してるぞ」という自分に気づくのですから。これは誰にでも約束されていることなのです。

### ●言語能転位の定理

　２つ目の「言語能転位の定理」について。こちらはとても簡単な話です。

　英語力は、もちろん努力によってでしか身につかないものなのですが、しかし、英語をいかにうまく操って会話できるかという能力は、その人の感性によるものが大きいということなのです。もっと簡単にいえば「日本語でもダメな人は英語もダメ」ということです。

　当然といえば当然です。日本語での日常会話でもスラスラと言葉が出てこない人が、第二言語の英語になったら急にペラペラと雄弁になったなんてことはありえません。日本語で論理的な議論やユーモアのある会話ができない人は、英語でもやはり立派な会話はできません。逆に日本語を巧みに使いこなすことのできる人は、英語をうまく操れるようになる潜在的可能性を秘めています。日本語の能力は多分に英語力に投影されます。これが私の言う「言語能転位の定理」です。

　表現の技巧には、

１．音声の能力（発音やヒヤリングなど）

2．言葉を選択する能力（レトリックや文法や文の内容など）

　の２つがあると思います。この２つの能力はほぼ独立しています。たとえば、バイリンガルで訛りのない英語をペラペラとしゃべっている人を見ると、一瞬、スゴいなあと感じるかもしれませんが、しかし、バイリンガルだからといってその人が中身のある会話ができるという保証などどこにもありません。むしろ、バイリンガルは主になる言語（第一言語）の発達が一般の人よりも劣っていることが多く、全般に言葉の扱いが稚拙な場合も少なくないという統計データもあるくらいなのです（ただし、これには反論を唱える研究者も多くいます）。
「日本語しか話せないことは今後の英語の上達において不利に働く」と考えるのは間違っています。たとえば、もしあなたが「音声の能力」と「言葉を選択する能力」のどちらか一方を選べと言われたら、どちらを選択しますか。きっと後者でしょう。発音だけがうまくても、それは宝の持ち腐れにすぎません。
　言語におけるこの２つの異なる能力の側面を混同している人は意外に多いようです。もし英語に自信がないと感じたら、それが英語力の欠如によるものなのか、それとも英語とは違うもっと本質的な表現能力の問題なのかを正確に把握する必要があります。
　この意味において、本書は「発音」を教える本でしかありません。あくまで「音声の能力」を養うためのものです。しかも必要最小限の発音法です。つまり、本書は皆さんに「地図とコンパス」を渡しただけであるといえます。これを手にしたい

ま、どこにどう進んでいくかは皆さん次第です。

　この旅がどんなに楽しいものになるかは、皆さんが英語を使って何を伝え何をつかみたいのかという意志と計画性にかかっています。英語を勉強したいのでしたら、英語に専念するだけでなく日本語も併せて勉強しなければダメですし、それと同時に「自分」というコミュニケーションの主体性を見失うことのないように気をつけなければなりません。

## ●英語はできて当然!?

　書店に足を運べば、棚には幼児向けの英語教材が多く見つかります。0歳児用の教材すらあります。それだけ「我が子に私のような不憫な思いをさせたくない」と願う親が多いということなのでしょう。

　実際、「英語教育は何歳から始めたらよいでしょうか」という質問をよく受けます。きっと脳科学的な回答を期待しているのだと思います。残念ながら現時点では、確実な答えはありません。まだまだ長期的な追跡調査研究が必要です。

　ただ現実問題として、私自身が親だったらどう子供の英語教育をするでしょうか。この場合、科学的な根拠ではなく、あくまでも個人的な信念に基づいての判断になります。おそらく、英語教育を早期に始めると思います。生まれてすぐに（あるいはまだ母親のお腹にいるときから）インターネットラジオや音声教材などを部屋に流して、できるだけ幼い頃から英語を経験させるようにするかもしれません。2〜3歳になるまで日常的に英語に触れさせておくと、英語を聞き分ける能力が自然に身につくだろうと期待するからです。

　これからの国際化社会を考えれば、「英語を話せることはメ

おわりに

リット」ではなく、「英語ができないことがデメリット」になるという時代になるかもしれません。いや、今がまさにそういう時代であるようです。

　英会話が得意な友人が、ある会社の入社面接を受けたときの話です。「あなたは外国語が話せますか」と面接官に訊かれて、意気揚々と「英語ができます！」と答えたところ、面接官はしかめ面で「当然です。英語以外に何かできるかを訊いているのです」ときっぱりと返したそうです。英語はできて当然——確かにそんな時代になっているようです。

　となれば、私も子どもには英語で不自由な思いをさせたくはありません。英語教育については、単に教養という意味でなく、時代要請からも真剣に考えてゆく必要があります。

　ただ、その一方で思うこともあります。

　私自身の学生時代を振り返ると、英語が大の苦手で、「いっそ世界中の言語がすべて英語になってしまえばいいのに」と本気で考えていたことがあります。そうすれば私も生まれながらにして英語がペラペラで、つまり、英語の試験で苦しむことはない、いや、英語の試験そのものがなくなるだろうと思ったわけです。

　しかし今にして思えば、これは愚かしい考えでした。私たちは、コミュニケーションツールの一環として英語を学習しているのであって、試験で落第させるための科目として英語が存在しているわけではありません。

　しかし、それ以上に強調したいことがあります。そもそも言語はコミュニケーションのためだけに存在しているわけではありません。理論編でも書いたように「内的思考のツール」でもあるのです。私たちの心理構造の重要な部分が言語から派生し

ていたことを思い出してください。もし世界の全員が英語で会話するようになったら、世界中が英語の思考パターンで統一されてしまうでしょう。これは人類にとって明らかに危機です。「言語数の減少」は「心の多様性の減少」と同義なのです。

　私は日本語を母国語としていることに誇りを感じます。だからこそ私は、日本語が絶滅してしまうことなく、美しい日本語をきちんと扱える人々が、これからも地球上にずっと存続してくれることを強く願っています。そんなわけで自分の子どもは（英語教育には気を遣いつつも）きちんとした日本語の環境で育てたいと思っています。

### ●英語を勉強する意味とは

　そして最後に皆さんと、国際的国家としての日本の立ち位置について考えてみましょう。ちょっとした思考実験ですが、もしかしたら、これまでの本書の論調とは異なった結論に行きつくかもしれません。

　英語が堪能だと社会に出てから得することが多いと言われています。だからこそ、読者の皆さんも、こうして「英語の本」を手に取って努力しようとしているわけです。

　日本の社会で英語の能力が高く買われていることは、英語が堪能な人が、そうでない人よりも平均60％ほど高給取りであることからもわかります。同期入社でも年収にして500万円以上の差がつくことは珍しくありません。

　しかし、話はそう単純ではありません。60％の給与差が出るのは、40〜50代の世代の話です。若い世代になるほどこの差額は減り、20代では平均20％以下になります。

　理由は幾つかあります。まず、いまや若い世代では帰国子女

は珍しい存在ではなくなったことです。もはや英語だけでは差別化できないのです。

　2点目は、人工知能が優れた自動翻訳を提供してくれる時代が、いまや現実になろうとしていることです。マイク付きヘッドホーンを装着すれば、ほぼ時間差なく、目の前にいる外国人と相互の母国語で会話できるようになるだろうと言われています。夢のような話ですが、専門家たちは同時翻訳の自動技術は今の子どもたちが大人になる頃にはほぼ成熟していると述べています。

　となれば、どうやら今の小学生や中学生は、苦労して英語を身につけても、将来それに見合った見返りはないということになります。そんな現代だからこそ、なぜ今英語を勉強したいのかを、真剣に考えておく必要があります。

　もう少し考察を進めます。日本人の英語下手は世界的に有名ですが、この不得手さは、実は、日本の欠点でなく、むしろ利点であるという見方があります。言語の壁は日本の経済を守る堅牢な防壁になっているからです。外国の商品を買ったところで英語で書かれた取扱解説書を読めない人が多いという日本の現状が、国産商品の消費確保において、関税以上の効果があるというわけです。

　また、日本人の英語下手は、頭脳の海外流出の抑制にも一役買っています。私は英語が苦手ですので、留学後は欧米でなく日本国内で活動することを選びました。私だけではありません。同じ決断をした科学者はたくさんいます。一方、日本以外のアジア諸国では、国をあげて英語教育に力を入れ、グローバル化を推進した結果、国費留学した若者が母国に戻ってこないことが、深刻な問題になっています。母国が圧倒的な魅力を備

えていなければ、英語教育の推進はインバウンドでなくアウトバウンドに帰結します。

　人工知能による自動翻訳機が発達し、これまで日本の国力を守ってくれた言語の壁が消えたとき、日本がどう国際社会と向き合っていくかは無視できない課題となることでしょう。これを本書を世に出すにあたって私が残す最後のメッセージとしたいと思います。

　皆さんのご健闘を心からお祈りしております。


池谷裕二


**参考書籍**
『魔法の発音！ ハイディの法則77』ハイディ矢野、講談社、2000年
『知ってる英語なのになぜ聞き取れない？ ネイティブ発音・リスニング7つの法則』藤田英時、ナツメ社、2002年
『笑っていいとも！ インスタントイングリッシュ　おばちゃん海外輸出計画』フジテレビ出版、1999年

### 〈理論編・参考文献〉

1. Analyzing the auditory scene. Nat Neurosci 1:333, 1998.
2. Goto H. Auditory perception by normal Japanese adults of the sounds "L" and "R". Neuropsychologia 9:317-323, 1971.
3. Kuhl PK. Human adults and human infants show a "perceptual magnet effect" for the prototypes of speech categories, monkeys do not. Percept Psychophys 50:93-107, 1991.
4. Näätänen R, Lehtokoski A, Lennes M, Cheour M, Huotilainen M, Iivonen A, Vainio M, Alku P, Ilmoniemi RJ, Luuk A, Allik J, Sinkkonen J, Alho K. Language-specific phoneme representations revealed by electric and magnetic brain responses. Nature 385:432-434, 1997.
5. Kuhl PK, Williams KA, Lacerda F, Stevens KN, Lindblom B. Linguistic experience alters phonetic perception in infants by 6 months of age. Science 255:606-608, 1992.
6. Weikum WM, Vouloumanos A, Navarra J, Soto-Faraco S, Sebastián-Gallés N, Werker JF. Visual language discrimination in infancy. Science 316:1159, 2007.
7. Peña M, Maki A, Kovačić D, Dehaene-Lambertz G, Koizumi H, Bouquet F, Mehler J. Sounds and silence: An optical topography study of language recognition at birth. Proc Natl Acad Sci USA 100:11702-11705, 2003.
8. Werker JF, Tees RC. Cross-language speech perception: Evidence for perceptual reorganization during the first year of life. Infant Behav Dev 7:49-63, 1984.
9. Cheour M, Ceponiene R, Lehtokoski A, Luuk A, Allik J, Alho K, Näätänen R. Development of language-specific phoneme representations in the infant brain. Nat Neurosci 1:351-353, 1998.
10. Minagawa-Kawai Y, Mori K, Naoi N, Kojima S. Neural attunement processes in infants during the acquisition of a language-specific phonemic contrast. J Neurosci 27:315-321, 2007.
11. Lenneberg E. Biological Foundations of Language. Wiley, New York, 1967.
12. Penfield W, Roberts L. Speech and brain mechanisms. Princeton University Press, 1959.
13. van den Noort M, Nordby H, Bosch P, Hugdahl K. Understanding Second Language Acquisition: Can Structural MRI bring the Breakthrough? Proc Int Conf Cogn, 2005.
14. Penfield W. Conditioning the uncommitted cortex for language learning. Brain 88:787-798, 1965.
15. Flege JE, Munro MJ, Mackay IRA. Effects of age of second-language learning on the production of English consonants. Speech Communicat 16:1-26, 1995.
16. Romaine S. Bilingualism. Blackwell, Oxford, UK, 1995.
17. Grosjean F. Life with two languages: An introduction to bilingualism. Harvard University Press, 1982.
18. Harris RJ, McGhee-Nelson EM. Bilingualism: Not the exception any more. In: Cognitive processing in bilinguals. Elsevier, pp. 3-14, 1992.
19. Mechelli A, Crinion JT, Noppeney U, O'Doherty J, Ashburner J,

Frackowiak RS, Price CJ. Neurolinguistics: Structural plasticity in the bilingual brain. Nature 431:757, 2004.

20. Paradis, M. (ed.) Aspects of Bilingual Aphasia. Elsevier, 1995.

21. Paradis, M. Bilingualism and aphasia. In: Studies in Neurolinguistics vol. 3, Academic Press, pp. 65-121, 1977.

22. Rodriguez-Fornells A, Rotte M, Heinze HJ, Nösselt T, Münte TF. Brain potential and functional MRI evidence for how to handle two languages with one brain. Nature 415:1026-1029, 2002.

23. Chee MWL, Soon CS, Lee HL, Pallier C. Left insula activation: A marker for language attainment in bilinguals. Proc Natl Acad Sci USA 101:15265-15270, 2004.

24. Nakada T, Fujii Y, Kwee IL. Brain strategies for reading in the second language are determined by the first language. Neurosci Res 40:351-358, 2001.

25. Kim KHS, Relkin NR, Lee KM, Hirsch J. Distinct cortical areas associated with native and second languages. Nature 388:171-174, 1997.

26. Gordon N. The acquisition of a second language. Eur J Paed Neurol 4:3-7, 2000.

27. Chomsky N. The logical structure of linguistic theory. MIT Press, 1955.

28. McLaughlin J, Osterhout L, Kim A. Neural correlates of second-language word learning: minimal instruction produces rapid change. Nat Neurosci 7:703-704, 2004.

29. Geschwind N, Levitsky W. Human brain: left-right asymmetries in temporal speech region. Science 161:186-187, 1968.

30. Catani M, Allin MPG, Husain M, Pugliese L, Mesulam MM, Murray RM, Jones DK. Symmetries in human brain language pathways correlate with verbal recall. Proc Natl Acad Sci USA 104:17163-17168, 2007.

31. Crinion J, Turner R, Grogan A, Hanakawa T, Noppeney U, Devlin JT, Aso T, Urayama S, Fukuyama H, Stockton K, Usui K, Green DW, Price CJ. Language control in the bilingual brain. Science. 312:1537-1540, 2006.

32. Kobayashi C, Glover GH, Temple E. Cultural and linguistic influence on neural bases of 'Theory of Mind': An fMRI study with Japanese bilinguals. Brain Lang 98:210-220, 2006.

33. Rilling JK, Barks SK, Parr LA, Preuss TM, Faber TL, Pagnoni G, Bremner JD, Votaw JR. A comparison of resting-state brain activity in humans and chimpanzees. Proc Natl Acad Sci USA 104:17146-17151, 2007.

34. Sakai KL. Language acquisition and brain development. Science 310:815-819, 2005.

35. Fitch WT, Hauser MD. Computational constraints on syntactic processing in a nonhuman primate. Science 303:377-380, 2004.

36. Hauser MD, Chomsky N, Fitch WT. The faculty of language: What is it, who has it, and how did it evolve? Science 298:1569-1579, 2002.

37. Enard W, Przeworski M, Fisher SE, Lai CS, Wiebe V, Kitano T, Monaco AP, Pääbo S. Molecular evolution of FOXP2, a gene involved in speech and language. Nature 418:869-872, 2002.

38. Bjork RA, Bjork EL. A new theory of disuse and an old theory of stimulus

fluctuation. In: From learning processes to cognitive processes. 2:35-67 1992.

39. Gingerich KJ, Bugg JM, Doe SR, Rowland CA, Richards TL, Tompkins SA, McDaniel MA. Active processing via write-to-learn assignments : learning and retention benefits in introductory psychology. Teach Psychol 41:303-308, 2014.

40. Karpicke JD, Roediger HL. The critical importance of retrieval for learning. Science 319:966-968, 2008.

41. McCabe J. Metacognitive awareness of learning strategies in undergraduates. Mem Cogn 39:462-476, 2011.

42. Callender AA, McDaniel MA. The limited benefits of rereading educational texts. Contemp Edu Psychol 34:30-41, 2009.

43. Nickerson RS, Adams MJ. Long-term memory for a common object. Cogn Psychol 11:287-307, 1979.

44. Castel AD, Vendetti M, Holyoak KJ. Fire drill: Inattentional blindness and amnesia for the location of fire extinguishers. Attention Percept Psychophys 74:1391-1396, 2012.

45. Carey B. How We Learn: The Surprising Truth about When, Where and Why it Happens. Pan Macmillan, 2014.

46. Rohrer D, Taylor K. The shuffling of mathematics problems improves learning. Instructional Sci 35.6:481-498, 2007.

47. Chabris C, Simons D. The invisible gorilla: And other ways our intuitions deceive us. Harmony Books, 2011.

# 「カタカナ英語の法則」早見表

| 法則 1 | **「最後のLはウ」の法則**<br>例 beautiful　ビューレフォウ |
|---|---|
| 法則 2 | **「Aはエア」の法則**<br>例 animal　エアネモウ |
| 法則 3 | **「IONはシュン」の法則**<br>例 station　ステイシュン |
| 法則 4 | **「最後のTはッ」の法則**<br>例 difficult　デフェカウッ |
| 法則 5 | **「Oはア」の法則**<br>例 coffee　カーフィ |
| 法則 6 | **「Iはエ」の法則**<br>例 business　ベゼネス |
| 法則 7 | **「Tはラ行」の法則**<br>例 capital　ケアペロウ |
| 法則 8 | **「USはエス」の法則**<br>例 August　オーゲスッ (t) |
| 法則 9 | **「アーはウオア」の法則**<br>例 bird　ブオアド |
| 法則 10 | **「最後のアーはオ」の法則**<br>例 paper　ペイポ |
| 法則 11 | **「NTのTは消える」の法則**<br>例 twenty　トゥウェニ |
| 法則 12 | **「WはダブルU」の法則**<br>例 woman　ウウォムン |
| 法則 13 | **「啖（タン）は鼻づまり」の法則**<br>例 important　エンポーッン |

## 本書収録のカタカナ発音例文一覧

# 初級コース

| 01 | **Good morning.**<br>(おはよう) | グッモーネン |
|---|---|---|
| 02 | **Good afternoon.**<br>(こんにちは) | グラフトヌーン |
| 03 | **Good night.**<br>(おやすみ) | グッナイッ |
| 04 | **Nice to meet you.**<br>(お会いできて嬉しいです) | ナイストミーチュ |
| 05 | **I'm from Japan.**<br>(日本から来ました) | アイムフルムジャペアン |
| 06 | **Just a little.**<br>(ちょっとだけ) | ジャスタリルウ |
| 07 | **Thank you.**<br>(ありがとう) | テンキュ |
| 08 | **You are welcome.**<br>(どういたしまして) | ユオウェウクム |
| 09 | **Not at all.**<br>(どういたしまして) | ナラローウ |
| 10 | **That's OK.**<br>(気にしないで) | ダーツォウケイ |
| 11 | **Don't worry about it.**<br>(気にしないで) | ドンウオウリアバウレッ |
| 12 | **How are you?**<br>(元気ですか?) | ハオユ? |
| 13 | **What is up?**<br>(どうだい?) | ワツアッ? |
| 14 | **Take care.**<br>(おつかれさま) | テイケオ |

| | | |
|---|---|---|
| 15 | **How about shopping?**<br>(買い物なんかどう?) | ハバウシャペン? |
| 16 | **I will take it.**<br>(これください) | アイウテイケッ |
| 17 | **Is that enough?**<br>(それで足りてる?) | イゼリナフ? |
| 18 | **May I come in?**<br>(入っていい?) | メヤイカミン? |
| 19 | **Get out of here.**<br>(出ていけ) | ゲラウラヴヒア |
| 20 | **Please have a seat.**<br>(どうぞ掛けてください) | プリーズハヴァスィーツ |
| 21 | **I got it.**<br>(わかったぜ) | アイガーレッ |
| 22 | **Makes sense.**<br>(なるほど) | メイクセンス |
| 23 | **I am not sure.**<br>(ちょっとわかりませんね) | アイナッシュオ |
| 24 | **I didn't know that.**<br>(それは知らなかったです) | アイディンーノウダーツ |
| 25 | **Say it again.**<br>(もう1回言ってください) | セイーラゲイン |
| 26 | **Are you sure?**<br>(まじ?) | オユシュオ? |
| 27 | **I need a cab.**<br>(タクシーを呼んでもらえますか?) | アイニーラキャーブ |
| 28 | **I am getting off.**<br>(降ります) | アイムゲリンガフ |
| 29 | **What should I do?**<br>(どうしたらいいの?) | ワッシュライドゥ? |
| 30 | **Take it easy.**<br>(気楽にね) | テイケリーズィ |
| 31 | **I've got to go.**<br>(もう行かないと) | アイガーラゴウ |

| 32 | **A couple of minutes.**<br>(ちょっと待って) | アカプラメネツ |
|---|---|---|
| 33 | **Give me some medicine.**<br>(薬をください) | ギンミスメデスン |

# 応用コース

| 34 | **A cup of coffee, please.**<br>(コーヒーをください) | アカパカーフィ プリーズ |
|---|---|---|
| 35 | **Can I have some water?**<br>(水をください) | ケナイヘヴ スムウワラ？ |
| 36 | **Let me get a slice to go.**<br>(ピザを持ち帰りでください) | レンミー ゲラスライス トゥゴウ |
| 37 | **Do you have coke?**<br>(コーラはありますか？) | ドゥヤヴ コウク？ |
| 38 | **Can you take our picture?**<br>(写真を撮っていただけますか？) | ケニュテイカワペクチョ？ |
| 39 | **Could you tell me the way to the post office?**<br>(郵便局までの行き方を教えてください) | クジュテウミ ダウェイルダ ポウスタフェス？ |
| 40 | **How do I get to Tokyo station?**<br>(東京駅までの行き方を教えてください) | ハルアイゲットゥ トウキョウ ステイシュン？ |
| 41 | **I want you to pick me up at the airport.**<br>(空港まで迎えに来てください) | アイワニュル ペクミー アパテオポーツ(t) |
| 42 | **Do you mind if I open the door?**<br>(ドアを開けてよいですか？) | ジュマインデファイ オウペナドア？ |
| 43 | **What do you think about it?**<br>(どう思う？) | ワルユーテンカバウレッ？ |
| 44 | **Please send me some money as soon as possible.**<br>(できるだけ早く送金してください) | プリーッセンミスマネ ズスーネズパセボウ |

| # | | |
|---|---|---|
| 45 | **What kind of movies do you like?**<br>(どんな映画が好きですか?) | ワッカイナムーヴィズ<br>ドゥユライク? |
| 46 | **Do you want to listen to music?**<br>(音楽でも聴くかい?) | ジュワナ レスナ ミューゼッ(c)? |
| 47 | **I am going to visit the United States.**<br>(アメリカに行くつもりです) | アイムガナ ヴェゼタ<br>ユナイレッステイツ |
| 48 | **That is not what I meant.**<br>(そんなつもりでは) | ダーツナーッワライメンツ |
| 49 | **I don't feel like it.**<br>(気乗りしないなあ) | アイドンフィーウライケッ |
| 50 | **I am supposed to go see a doctor.**<br>(病院に行くことになっているんだ) | アイムサポウズタ<br>ゴスィアダクトゥオ |
| 51 | **What is the next stop?**<br>(次はどこに停まりますか?) | ワッダネクスタッ(p)? |
| 52 | **How long does it take?**<br>(どのくらいかかりますか?) | ハーロンダゼッテイク? |
| 53 | **It is yours, isn't it?**<br>(君のだよね?) | イツユオズイズネッ? |
| 54 | **I have to do my best.**<br>(がんばらなくっちゃ) | アイハフタドゥマイベスッ |
| 55 | **Have you been to Seattle?**<br>(シアトルに行ったことはある?) | ハヴュベナセアロウ? |
| 56 | **I was able to swim.**<br>(かつては泳げた) | アイウォズエイボラスウィム |
| 57 | **We had a lot of snow.**<br>(たくさん雪が降った) | ウィアダラーラスノウ |
| 58 | **I should have bought a brand new computer.**<br>(新品のコンピュータを買っておけばよかった) | アイシュダヴ ボーラ<br>ブレアンヌー コンピューロ |
| 59 | **You speak not only Japanese but also English.**<br>(君は日本語だけでなく英語も話す) | ユースピーク ナロンリー<br>ジェアパニーズ バローウソウ<br>エングレッシュ |

N.D.C.831.1　　219p　　18cm

ブルーバックス　B-1987

# 怖いくらい通じるカタカナ英語の法則 [ネット対応版]
## ネイティブも認めた画期的発音術

2016年10月20日　第1刷発行
2025年1月14日　第13刷発行

| | |
|---|---|
| 著者 | 池谷裕二（いけがやゆうじ） |
| 発行者 | 篠木和久 |
| 発行所 | 株式会社講談社 |
| | 〒112-8001　東京都文京区音羽2-12-21 |
| 電話 | 出版　03-5395-3524 |
| | 販売　03-5395-5817 |
| | 業務　03-5395-3615 |
| 印刷所 | (本文表紙印刷) 株式会社KPSプロダクツ |
| | (カバー印刷) 信毎書籍印刷株式会社 |
| 本文データ制作 | 講談社デジタル製作 |
| 製本所 | 株式会社KPSプロダクツ |

定価はカバーに表示してあります。
©池谷裕二　2016, Printed in Japan
落丁本・乱丁本は購入書店名を明記のうえ、小社業務宛にお送りください。送料小社負担にてお取替えします。なお、この本についてのお問い合わせは、ブルーバックス宛にお願いいたします。
本書のコピー、スキャン、デジタル化等の無断複製は著作権法上での例外を除き禁じられています。本書を代行業者等の第三者に依頼してスキャンやデジタル化することはたとえ個人や家庭内の利用でも著作権法違反です。

ISBN978-4-06-257987-2

## 発刊のことば

## 科学をあなたのポケットに

二十世紀最大の特色は、それが科学時代であるということです。科学は日に日に進歩を続け、止まるところを知りません。ひと昔前の夢物語もどんどん現実化しており、今やわれわれの生活のすべてが、科学によってゆり動かされているといっても過言ではないでしょう。

そのような背景を考えれば、学者や学生はもちろん、産業人も、セールスマンも、ジャーナリストも、家庭の主婦も、みんなが科学を知らなければ、時代の流れに逆らうことになるでしょう。

ブルーバックス発刊の意義と必然性はそこにあります。このシリーズは、読む人に科学的に物を考える習慣と、科学的に物を見る目を養っていただくことを最大の目標にしています。そのためには、単に原理や法則の解説に終始するのではなくて、政治や経済など、社会科学や人文科学にも関連させて、広い視野から問題を追究していきます。科学はむずかしいという先入観を改める表現と構成、それも類書にないブルーバックスの特色であると信じます。

一九六三年九月

野間省一

# ブルーバックス

# ブルーバックス発の新サイトがオープンしました!

- ・書き下ろしの科学読み物
- ・編集部発のニュース
- ・動画やサンプルプログラムなどの特別付録

> ブルーバックスに関する
> あらゆる情報の発信基地です。
> ぜひ定期的にご覧ください。

| ブルーバックス | 検索 |

http://bluebacks.kodansha.co.jp/